정혜순 제 3 수필집

손 편지

별☆마을

책머리에

꾹꾹 눌러 쓴 마음을 당신에게 보냅니다

우리의 손끝이 편지를 쓰던 감각을 잊은 것은 언제부터였을까요. 사각거리는 만년필 소리와 함께 마음을 담아 눌러 쓰던 그 느리고 다정한 시간들이 까마득한 옛일처럼 느껴지는 요즈음입니다.

첫 책에서는 '내 삶의 여백에 담은 온기'를, 두 번째 책에서는 '혼자 두어도 잘 자라는 것들'을 이야기했습니다. 삶의 빈칸에서 발견한 따스함과 묵묵히 제자리를 지키는 생명들에게서 얻은 단단한 위로를 전하고 싶었지요.

그리고 이제, 세 번째 이야기의 제목으로 '손편지'를 떠올린 것은 어쩌면 자연스러운 귀결이었을지 모릅니다. 길어 올린 온기와 단단한 위로를, 가장 정성스럽고 아날로그적인 방식으로 당신에게 띄워 보내고 싶었기 때문입니다.

손편지는 '기다림'의 다른 이름입니다. 우체통에 편지를 넣고부터 답장을 받기까지, 그 시간 속에는 무수한 상상과 그리움과 기도가 담겨 있습니다. 효율과 속도가 미덕이 된 세상에서 무언가를 온전히 기다리는 일은 점점 드물어집니다. 메시지를 보내고 1초 만에 사라지는 '1'을 확인하며 조바심내는 우리에게, 손편지가 오가던 시절의 더디고 깊은 호흡을 선물하고 싶었습니다.

이 책에 담긴 글들은 제가 당신에게 부치는 길고 짧은 손편지들입니다. 대단한 사건이나 화려한 고백은 없을지 모릅니다. 그저 창가에 툭 떨어진 빗방울, 낡은 골목길의 고양이, 문득 떠오른 오래된 기억 등 소소한 이야기들입니다.

부디 이 편지 묶음을 받아 든 당신이, 잠시 세상의 소음에서 벗어나, 찻물이 따스하게 우러나는 시간 동안, 오롯이 당신과 나의 이야기로 만날 수 있기를 소망합니다.

한 자 한 자 꾹꾹 눌러 쓴 제 마음이 당신의 마음에 무사히 닿기를. 이제, 첫 번째 편지의 봉투를 엽니다.

2025. 가을에

향원 정혜순 드림

1장 천국에 갈 수 있을까?

❧

2장 하고 싶어도 못 할 때가 와요

3장 보이지 않는 곳에서 오는 온기

4장 편견을 비추는 거울

❧

1장.
천국에는 갈 수 있을까?

…무리하게 일한 적 없으십니까?
신장이 하나 없는데 왜 없나요?
쓸개도 떼어내셨군요.
갈비가 부러진 흔적이 있고
예전의 흔적은 있는데
폐에는 문제가 없는 것 같네요

죽음을 준비하는 나날

며칠 전부터 오른쪽 가슴이 뻐근하게 아팠어요. 혹시 일 때문에 아픈가 생각했지만, 그 정도로 무리하진 않은 것 같았죠. 하루 더 기다려보자 생각하기를 사흘, 그런데 통증은 점점 심해져 겨드랑이를 지나 등까지 뻐근하게 아파왔어요.

'혹시 유방암은 아닐까?'

가슴을 만져봐도 특별히 만져지는 건 없었어요. 젖가슴이 아닌 겨드랑이와 등까지 아픈 이유가 뭘까 곰곰이 생각했죠. '유방암이 아니면 갑상선암일까? 아니면 폐가 나쁜 걸까?' 생각에 꼬리를 물고 밤새워 뒤척이느라 아침 6시까지 잠을 이루지 못했어요. 아무래도 내가 모르는 사이에 암이 찾아온 것만 같았거든요.

'지금 이대로 얼마 동안 앓다가 죽게 된다면 남은 시간 동안 내가 해야 할 일은 무엇일까?'

갑자기 마음이 급해졌어요. 아들 모르게 계약만 해 놓은 부동산은 어떻게 해결해야 할까? 병원비는 어쩌지? 병치레하는 딸 옆에는 아무도 없으니 어쩌나? 신앙생활에 냉담 중인 아들 내외는 또 어떻게 인도하면 좋을까? 모든 것이 걱정되고 마음이 급했어요.

죽기에는 아직 해결해야 할 일이 너무 많았죠.

'천국에는 갈 수 있을까?'

하나님이 날 사랑하시고 내 죄를 대신하여 십자가에 달리신 예수님의 은혜를 믿기에 천국에는 갈 수 있을 텐데, 지금까지 내가 주를 위하여 한 일이 없으니 상급은 없을 것 같았어요. 몇 년 동안 성가대에서 봉사한 것 외에는 한 것이 없었죠. 주를 위해 한 것이 너무 없다는 것을 절실히 느끼며, 생명을 연장하여 주신다면 이제는 열심히 기도하고 감사하고 이웃을 사랑하는 삶을 살아야겠다고 생각했어요.

날이 밝아 의료원으로 갔어요. 안내에 따라 외과에 접수하고 흉부 X-ray 사진과 유방암 검사를 위한 촬영을 했죠. 사진을 한참 들여다본 의사 선생님이 물었어요. "무리하게 일한 적 없으십니까? 신장이 하나 없는데 왜 없나요? 쓸개도 떼어내셨군요. 갈비가 부러진 흔적이 있고 예전의 흔적은 있는데 유방이나 폐에는 문제가 없는 것 같네요."

나는 무리하게 일한 것 같지 않다고 했고, 신장은 딸에게 주었다고 답했어요. 그리고 정말 문제가 없는지 재삼 물었죠. "예를 들어 무릎이 아프다든가 다른 곳이 아파서 통증이 올 수도 있어요. 우선 근육이완제와 진통제를 5일분 처방할 테니 잡수시고 그래도 아프면 내과로 접수하여 진찰받도록 하세요." 의사 선생님의 말에 오진

이 아니기를 바라며 집으로 향했습니다.

그날 하루는 내게 큰 깨달음을 주었어요. 이제는 죽음을 준비할 때가 되었고, 사람과의 관계에 있어서도 풀어야 할 것이 있으면 풀어야겠고, 세상에 살면서 마무리해야 할 일을 빨리 마무리하고, 여생을 참되고 진실하게 살아야 한다는 것을요.

다시, 봄이 왔다

어제까지만 해도 영하 10도 안팎의 맹추위가 기승을 부리더니, 오늘은 거짓말처럼 영상의 포근함이 감도네요. 그동안 매서운 추위와 코로나19 때문에 방콕 신세를 면치 못하다가, 드디어 밖으로 나섰어요.

따스한 햇볕이 얼어붙었던 세상을 스르륵 녹이는 기분이었죠.

집 앞 텃밭에 시선을 주니, 세상에! 벌써 보랏빛 작은 꽃, '큰개불알풀'이 꽃망울을 터뜨렸지 뭐예요. "와, 봄이 왔구나!" 저도 모르게 탄성이 터져 나왔어요. 반가운 마음에 얼른 카메라를 들고 사진을 찍었죠. 작은 꽃을 가만히 들여다보며 혼잣말을 중얼거렸어요.

"네가 봄이 되어 또 나를 찾아왔구나. 네 이름은 좀 이상하지만, 이름과 어울리지 않게 참 귀엽고 예쁘구나! 왜 그런 이름이 붙었을까? 열매 모양 때문에 그렇다는데, '보랏빛의 작고 귀여운 꽃'이라는 뜻의 다른 이름을 지어 주었으면 좋겠다."

한참을 이름 고민에 빠져봤지만, 마땅한 이름이 떠오르지 않았어요. 이름 짓는 것도 참 어려운 일이구나 싶었죠. 스마트폰으로 검색해보니 이 꽃의 또 다른 이름은 '봄까치꽃'이더군요. 아, 이 얼마나 예쁜 이름인가요!

　가을에 밭에 심어놓았던 마늘과 수선화도 파릇파릇 싹을 틔우고 있었어요. 앞마당의 작은 엄마 꽃밭에도 수선화 싹이 빼꼼히 고개를 내밀고 있었죠. 엄마가 이 집을 떠난 지 오래되어 그동안 포기나누기를 해주지 못해 싹들이 다닥다닥 붙어 올라오는 모습이 애처로웠어요. 하지만 엄마가 안 계신 이 집에도 봄은 어김없이 찾아왔더군요. 올봄에는 꼭 엄마의 수선화를 쪼개어 다시 심어주어야겠다고 다짐했어요.

　유구 농장에 있는 수선화들도 이렇게 싹을 내고 있을 거예요. 그들도 나의 손길을 애타게 기다리고 있겠다 생각하니 마음이 급해졌어요. 얼른 작업복으로 갈아입고 농장을 향해 차를 달렸습니다.
　유구에 도착하니 유구천 가에 심어놓은 수국들이 모두 하얀 비닐 옷을 곱게 차려입고 있었어요. 꽃을 사랑하는 누군가의 따뜻한 손길이 추위로부터 수국들을 보호해주었더군요. 수국들이 입은 비닐 옷이 봄바람에 살랑이며 햇살에 반짝이는데, 줄지어 선 비닐 옷 자체가 마치 하늘의 반짝이는 우주인처럼 신비롭게 느껴졌어요.

　농장에 도착하니 예상대로 수선화 싹들이 여기저기서 돋아나고 있었어요. 어떻게 봄이 온 줄 알고 이렇게 때맞춰 나오는 걸까, 정말 신기하더라고요.

농장 가장자리에 여섯 개의 동산을 만들고 소나무를 심어두었었는데, 동산 위에 노란 복수초 두 송이가 활짝 피어있는 것이 눈에 띄었어요. 꽃잔디로 덮었던 동산의 꽃은 다 어디 가고 복수초 두 송이만 피어있을까요? 이 두 송이가 마치 나를 위로해주는 것 같았어요. 복수초는 추운 겨울 눈 속에서도 꽃을 피워 주위의 눈을 녹인다고 하니, 그 뜨거운 사랑은 어디에서 나오는 걸까요?

　진노란 꽃잎은 나를 향해 활짝 웃으며, 꽃잔디가 죽어 서운했던 내 마음을 사르르 녹여주었답니다.

　나는 먼저 동산 위에 간벌하여 베어낸 소나무들을 동산 아래로 치웠어요. 이제 동산에 수선화를 심어 놓을 생각이었죠. 베어낸 소나무 둥치의 무게가 어찌나 무거운지, 끙끙거리며 동산 하나를 치우고 나니 온몸의 힘이 쭉 빠졌어요. 체력이 예전 같지 않다는 것을 절감했죠.

　8년 전만 해도 새벽 일찍 일어나 농장에서 일하고 목욕하고 출근해서 하루를 마치고, 다시 농장으로 퇴근해서 어두워 보이지 않아야 집에 돌아와 저녁을 먹은 날도 많았는데, 이제는 한나절도 안 되어 지쳐버리네요. 계절의 흐름 속에 나의 기력도 쇠잔해져 가는가 봅니다.

　하지만 기분은 좋았어요. 꽃과 나무를 심고 가꾸는 일은 언제나 즐겁고, 수선화를 시집보내고 나누어 심는 일도 즐거우며, 새로운 꽃동산을 만들고 있다는 사실도 즐거운 일이니까요.

동산을 정리하고 수선화를 옮겨 심고 있는데, 저쪽 산에서 고양이 우는 소리가 들려왔어요. 배가 고픈가 보다 싶어 고양이를 찾아 산 쪽으로 갔지만 찾지 못하고 다시 돌아와 하던 일을 계속했죠. 그런데 또다시 고양이 우는 소리가 들려오는 거예요. 배가 너무 고픈 것 같아 안타까웠지만, 어찌할 도리가 없었어요.

동산을 수선화로 가득 채우려면 아직도 한참 멀었는데, 너무 힘이 들어 더 이상 일할 수 없다는 생각에 내일 다시 오기로 하고 작업을 마무리했습니다.

그리고 얼마 전 다리 수술을 한 아랫집 아주머니의 안부가 궁금해 찾아갔더니, 아주머니는 다행히 잘 걷고 계셨고, 마당에서 손자와 함께 고기를 굽고 계시더군요. 아주머니는 굳이 고기를 먹고 가라며 나를 붙잡으셨어요. 정말 인심 좋고 따뜻한 분이죠. 숯불에 구운 고기는 정말 맛있었답니다. 꽃을 좋아하는 아주머니의 화단에도 갖가지 꽃들의 새싹이 얼굴을 내밀어 나에게 인사하는 듯했어요.

봄, 여름, 가을, 겨울이 지나고 다시 봄이 오고 있습니다. 우주 만물이 하나님의 진리와 자연환경의 질서에 따라 작용하는 것을 바라보며, 신의 아름다운 창조적 솜씨에 다시 한번 위대함을 깨닫게 되는군요.

남편이 살아있던 몇 년 전, 남편이 아이들에게 물었어요.

"얘들아, 봄이 오는지 겨울이 오는지 계절의 변화를 무엇으로 알 수 있는지 아니?"

　아이들은

　"꽃이 피면 봄이 온 것이고, 눈이 오면 겨울이지요"

　라고 대답했어요. 그러자 남편이 빙그레 웃으며 말했죠.

　"그게 아니야. 네 엄마 손에 호미가 있으면 봄이 온 것이고, 네 엄마 손에 털실과 뜨개바늘이 있으면 겨울이 온 것이다."

　아이들은 모두 한바탕 웃었답니다.

　정말 그랬어요. 봄부터 가을까지는 내 손에 늘 호미가 있었고, 겨울이면 뜨개질을 해서 식구들을 따뜻하게 입혔으니까요.

　오늘은 꽃도 피고, 내 손에는 호미가 있으니, 다시 봄이 온 거예요. 다시 봄이!

엄마의 상수리나무

 새벽 기도를 마치고 깜빡 잠이 들었는데, 밖에서 굉음을 내며 움직이는 커다란 트럭 소리와 함께 사람들의 웅성거림, 그리고 우리 집 백구의 사나운 짖는 소리가 들려왔어요. 깜짝 놀라 잠에서 깨어 밖으로 나가보니, 거대한 트럭 위에서 포크레인이 내려지고 있었고, 어른 여섯 명이 기계톱을 들고 우리 산을 살피며 다니고 있는 겁니다.

 "잠깐! 당신들은 누구세요? 이 나무들을 베려고 오셨습니까? 왜 베려고 합니까?"

 놀란 마음에 다급하게 물었어요.

 그들은 자신들이 산 주인이 시켜서 벌목하러 왔을 뿐이라고 말했어요.

 나는 다급하게 되물었죠.

 "주인이 누구십니까? 벌목 허가는 받고 오신 겁니까? 이 아름드리나무들은 찾아보기도 어려운데, 어떻게 함부로 베겠다는 말을 할 수 있습니까? 주인이 누구세요?"

 하지만 주인은 나타나지 않았고, 그들은 이 나무들이 수령이 오래되어 더 크지 않고 이제는 고사 되어 쓰러지면 집이 무너질 수 있다고 말했어요. 주인이 산림조합에 벌목신청을 해서 자신들이 베러 왔을 뿐이고, 베어내고 다른 수종으로 다시 심을 것이라고 덧붙였죠.

나는 보채는 아이처럼 주인의 연락처를 알 수 없느냐고 물었지만, 그들은 모른다고 했어요.

사실 뒷산은 내가 어릴 때부터 놀던 놀이터이자 쉼터였고, 우리 산으로 알고 자랐어요. 명절이 다가오면 아버지는 산 가운데 있는 세 개의 무덤을 돌보곤 하셨는데, 우리 산이 아니라는 사실은 성인이 된 후에야 알았지만, 내 마음속에는 여전히 우리 산으로 기억되고 있었죠.

내가 어릴 적에도 소나무와 상수리나무는 커다란 나무였는데, 내 나이 60대 중반을 넘어가는 지금은 한 아름이 넘는 고목이 되어 위풍당당하게 서 있어요. 사실 몇 그루는 이미 고사 되어 쓰러지기도 했죠.

뒷산의 나무들은 나와 함께 자랐어요. 어릴 적 나는 산 한가운데 있는 세 기의 무덤에서 친구들과 함께 술래잡기를 즐겼어요. 봉분 위에 오르면 잡을 수 없고, 내려오면 술래가 잡는 놀이였죠. 봉분 위에 올랐을 때의 기분도 좋았지만, 묘 주인이 알았다면 혼날 일이었겠지만, 이 놀이는 꽤 재미있었답니다. 뒷산의 소나무는 내가 즐겨 오르내리던 놀이기구였고, 그중 한 나무에는 동아줄로 묶어놓은 그네가 있어서 나는 많은 시간을 그네에 앉아 옥수수와 수박도 먹고 책도 읽었어요. 기분이 좋을 때면 높은 나뭇가지를 목표로 그네를 힘껏 발로 차 나뭇가지에

닿았었죠.

뒷산의 큰 소나무 아래에는 멍석이 깔려 있었고, 식구들은 여름철 한낮의 땡볕을 피해 쉬는 쉼터였어요. 동네 할머니들의 사랑방이기도 했죠. 수박과 참외도 먹었고, 감자와 옥수수도 함께 나누어 먹었답니다.

아침에 일어나면 뒷산으로 나가 밤사이에 피어난 버섯을 땄어요. 이름이 정확한지는 모르지만, 우리 가족끼리는 밤나무 버섯, 밀버섯, 갓버섯, 오이꽃 버섯, 싸리버섯으로 불렀죠. 따온 버섯을 호박잎에 싸서 소금을 살짝 뿌리고 지푸라기로 묶어 아궁이 불 속에 넣어 익혀 먹으면 쫄깃하니 참 맛있었어요.

많이 채취하는 날에는 살짝 데쳐 볶아 밥반찬으로 만들기도 했고요. 그리고 갓 위에 하얀 가루가 뿌려진 것 같은 파리버섯을 따다가 밥알과 함께 찧어 그릇에 담아 방에도 놓고 대청마루에도 놓아두면, 파리들이 날아와 먹고 까맣게 죽어 있곤 했어요. 파리버섯은 천연 살충제가 되었던 거죠.

뒷산은 모시옷을 만들기 위해 모시의 껍질을 벗기고, 삼베옷을 만들기 위해 삼대를 삶아 껍질을 벗기는 작업장이기도 했어요.

또한, 할아버지께서 고드랫돌을 앞뒤로 넘기며 돗자리를 만드시던 작업장이었으며, 아궁이에 불을 때기 위해 지푸라기를 말리던 곳이기도 했죠. 뒷산은 여름성경학교 때 동화대회를 위해 산소 앞에서 동화를 연습하던 나의 학습장이기도 했답니다.

그리고 뒷산의 상수리나무는 가을이면 어김없이 상수리를 주렁주렁 매달아주었어요. 커다란 항아리에 상수리를 가득 담아놓고, 할머니와 엄마가 달인이었던 상수리 묵으로 맛있는 간식을 해 먹었었죠.

뒷산은 온갖 새들의 놀이터이자 쉼터였어요. 아침 일찍 참새들이 지저귀고, 한낮에는 딱따구리가 나무를 쪼고, 높은 나무 위에는 커다란 까치집이 지어져 있었죠. 나는 새들의 지저귀는 소리를 들으며 잠을 깨고, 바람 소리를 들으며 꿈을 꾸었고, 나무들의 향기를 맡으며 잠들고 뛰어놀았답니다.

그러나 오늘 아침, 기계톱 다섯 대의 요란한 소리와 함께 나의 모든 꿈과 추억이 사라지고 있어요. 까치들도 요란한 기계톱 소리에 어쩔 줄 모르며 '까악~ 까악~' 울어댑니다. 참 안타까워요. 새들의 쉼터가 사라지니 안타깝고, 나의 소중한 추억이 사라져가니 더욱 안타깝습니다.

뒷산은 나와 우리 가족의 소중한 추억인데…….
지금도 뒷산의 기계톱 소리가 들리는 것 같아요.

나의 봄날, 활기찬 생명의 노래

봄, 여름, 가을, 그리고 겨울이 지나고 다시 봄이 왔어요. 우주 만물이 자연의 질서에 따라 움직이는 것을 보며, 신의 창조적인 솜씨에 다시 한번 위대함을 느끼는 봄날 아침입니다.

아침에 일어나 그동안 미루었던 연못 청소를 시작했어요. 뒤뜰의 작은 연못에는 작년에 넣어둔 우렁이가 다 죽었을 거라 생각했죠. 연못이 작아 얼어 죽었거나, 뒷산에서 날아든 낙엽 때문에 물이 썩어 죽었을지도 모른다는 생각에 미안한 마음이 가득했어요. 차라리 수리조합 수로에서 살도록 잡아 오지 말 것을 후회하며 연못의 물을 퍼내기 시작했습니다.

퍼낸 물은 버리기 아까워 며칠 전 심은 수선화, 꽃무릇, 취나물, 부추, 머위에 넉넉히 주고도 남았어요. 나머지는 바가지로 퍼내 버렸는데, 나뭇잎 썩은 푸른 물 사이사이에서 우렁이가 따라 나오더군요. 몇 마리는 죽었지만, 생각보다 많은 우렁이가 살아있었고 심지어 아주 작은 새끼를 낳은 것도 발견했어요. 정말 신기했습니다.

이렇게 열악한 환경에서도 생명을 지켜 자손을 이어간다는 것이 참 장하고 대견하게 느껴졌죠.

깨끗이 청소하고 한참을 걸러 새 물을 넣어주니, 내 마음까지 시원해지는 듯했어요. 우렁이를 다시 넣어주고 나니, 물이 생겨 여름에 장구벌레가 생기고 모기의 서식지가 될 것 같다는 생각이 들더군요. 마침 오늘이 홍성 5일 장이니, 장구벌레를 잡아먹도록 미꾸라지 몇 마리 사다 넣어야겠어요.

시장에 가는 길에 함께 사는 고양이 귀요미를 데리고 동물병원에 들렀어요. 매달 정기적으로 심장사상충과 진드기 예방을 해야 하거든요. 진료를 마치고 귀요미를 안고 나오던 수의사 선생님이 웃으며 말했어요.
"귀요미가 엄청 힘이 세네요!"
처음에 왔을 때 350g이던 몸무게가 7개월 만에 4560g이 되었으니, 힘이 센 것도 당연하죠. 수납하던 아가씨도 말을 이었어요.
"귀요미가 몸은 큰데 엄청 착하고 순하네. 병원에 오는 다른 고양이가 있는데, 이름이 '맹수'예요. 엄청 무섭게 생겨서 긴장하고 조심조심 꺼내는데, 그 아이도 착해요."
아가씨 말에 나도 '맹수'라는 고양이 이름이 재미있어서 함께 웃었답니다. 그 아이도 한번 보고 싶다는 생각이 들었어요.

동물병원을 나와 홍성 시장으로 향했어요. 코로나 때문에 사람이 별로 없을 거라 예상했지만, 예상은 완전히 빗나갔죠. 물건을 사고파는 사람들로 시장은 북적였고, 꽃과 나무를 파는 상인들도 여러 곳에 있었어요.

나는 얼른 차를 세우고 미리 계획했던 복숭아나무 세 그루와 자두 나무 한 그루, 한라봉과 레몬 나무도 한 그루씩 샀어요. 그리고 재빨리 미꾸라지 파는 아주머니에게 달려가 죄송한 마음으로 미꾸라지 세 마 리만 팔라고 했어요. 아주머니는 흔쾌히 일곱 마리나 주시며 1000원을 내라고 하시더군요. 세 마리만 산다고 화내실까 걱정했는데, 정말 고마 웠습니다.

집으로 돌아와 재빨리 텃밭 가장자리에 나무를 심었어요. 스피노자 가 말했던가요? '내일 지구의 종말이 온다 해도 나는 오늘 한 그루의 사과나무를 심겠다'고요.

"복숭아 향기는 벌레들도 좋아해 한눈을 팔면 벌레들이 다 먹어치운 다고 하는 여름 과일인데, 복숭아를 많이 먹으면 못난이도 예뻐진다고 했으니, 4년 후에 복숭아 많이 먹고 주름이나 없어져라!"

혼자 중얼거리며 웃었죠.

심은 나무에 물을 주고, 앞마당 가에 다육이를 심은 작은 꽃밭과 여 러 가지 야생화를 심은 작은 화단, 그리고 옛 우물가에 동백, 청포도, 소나무, 진달래, 박태기, 수선화, 사랑초, 꽃무릇, 보랏빛 작은 제비꽃이 있는 큰 화단에도 물을 듬뿍 주었답니다.

내가 꽃에 물을 주는 동안, 오랫동안 방에만 있던 귀요미를 밖에 내어놓으니 마당에서 몸을 뒹굴며 무척 좋아했어요. 소나무 위로도 쏜살같이 달려 올라갔다가 내려오고, 헛간에도 달려갔다 되돌아 오더니, 갑자기 살금살금 옆집 사철나무 담장 아래로 가는 거예요. 사철나무 위에는 참새들이 날아와 짹짹거리며 놀고 있었죠. 딴에는 참새를 잡으려는 태세였지만, 날아다니는 새를 어떻게 잡겠다는 건지! 게다가 사철나무 사이에 가시덩굴이 있어서 가시에 찔릴까 봐 이리 오라고 불러도 돌아보지 않고 새에게만 집중하고 있었어요.

신기하게도 나무 사이로 조심조심 귀요미가 들어가도 새들이 날아가지 않더군요. 나는 '네가 날아다니는 새를 어떻게 잡겠어?' 하며 돌아오지 않는 귀요미를 뒤로하고 집으로 들어왔습니다.

그런데 약 3분 후, 귀요미가 참새 한 마리를 잡아 물고 들어와 내 앞에 놓는 거예요.

"와~ 장하다 귀요미! 날아다니는 새를 잡아 왔어? 내가 너를 믿어주지 않아서 미안해! 우리 귀요미 정말 멋져! 먹을 거야?"

하지만 배가 부른지 다행히 먹지는 않았고 살그머니 빼앗아 날려 보내고 싶었지요. 거미도 잡아 오고 이름 모를 벌레도 잡아서 내 앞에 놓던 귀요미가 오늘은 참새까지 잡아 왔으니, 혹시 뱀을 잡아 오면 어쩌나 갑자기 겁이 났어요.

친구에게 잡아 온 참새와 고양이 사진을 찍어 보내면서 뱀 잡아 올까 걱정이라고 했더니, 친구가 이렇게 답했죠. "아우~ 대단한 귀요미, 역시 씩씩한 남자라! 뱀 잡아들고 오면 차근차근 설명하셔요. '이건 징그러운 것이니 다음부터는 잡아 오지 말고 예산 장날 장에 가서 팔고 오라고!"

귀요미는 잡아 온 참새는 먹지 않고 축구만 하다가 참새 소리가 나니 또 뛰어나갔어요. '집 근처 참새들 다 잡게 생겼네' 하고 혼잣말을 했죠. 친구는 또 웃으며 말했어요.

"아마 쥐는 막아 질 겁니다. 고양이 소리만 나도 접근하지 않으니까. 마음 편안히 삽시다. 뱀도 안 올 겁니다." 생각해보니 천장에서 마라톤 하던 쥐들의 소리를 들은 지 오래되었다는 것을 깨달았어요.

딸기 농장을 하는 이웃집에서 딸기잼을 만들어 보라며 바구니에 딸기를 수북이 가져왔어요. 며칠 전에 만든 딸기잼을 작은딸이 가져가 더니 색깔도 맛도 참 좋다고 감탄하길래 더 만들어 아이들에게 주어야 겠다고 마음먹었는데, 오늘 만들 수 있게 되었죠.

지금까지 한 일로 다리가 아팠지만, 딸기를 씻어 물기를 빼고 손으로 으깨어 끓이기 시작했어요. 그리고 밤늦도록 저어가며 졸였죠. 지난번 보다 더 맛있는 딸기잼이 되었으면 좋겠습니다.

딸기잼을 만들 때 오렌지를 조금 넣으면 더 맛있다기에 오렌지를 넣은 것뿐인데, 딸은 예민하게 맛을 알아내더군요. 내일은 병을 몇 개 사 와야겠어요.

보름을 하루 앞둔 둥근 달이 영순네 감나무 위에 높이 떠 있습니다. 아마도 저 달은 영순네 달인 것 같아요. 영순네 달이 나에게 말합니다.

'오늘 하루 수고 많았다. 내일 또 최선을 다하여 감사한 마음으로 살자!'

나의 봄날은 바쁘게, 따뜻하게, 그리고 희망을 안고 즐겁게 또 하루가 지나갑니다.

노란 민들레 깃발, 바람 속의 울림

요즘 집 주변과 길가에는 유난히 민들레 꽃이 많이 피었어요. 잡초 속에서 피어난 샛노란 깃발들. 아무도 씨 뿌리고 물 주어 가꾸지 않았고 귀한 대접도 받지 못했지만, 4월이면 어김없이 노랗게 솟아오르는 민들레. 청초하면서도 순박하고 끈질긴 생명력의 대명사처럼 지천에 피어 소담스럽게 맑고 밝은 아름다움을 뽐내는 봄의 전령사죠.

맑고 환한 얼굴로 옹기종기 모여 신선하고 아름다운 자태를 더욱 뽐내고, 가만히 들여다보면 섬세하고 정교한 모습의 아름다운 꽃술과 동그랗고 노란 금빛 자연의 얼굴에 하나님의 솜씨를 감탄하지 않을 수 없어요.

민들레의 꽃말은 '행복'과 '감사한 마음'이라고 하더군요. 짧은 시간 동안 꽃으로 피어있다가 노란 꽃잎이 하얀 홀씨로 변할 무렵 꽃받침이 무너지면, 백발 같은 홀씨들이 바람을 타고 흩날려요. 아스팔트 틈새든 담벼락 밑이든, 뿌리 내릴 흙이 조금만 있어도 비집고 들어가 뿌리를 내리는 조금은 안쓰러운 민들레의 모습이죠.

또 다른 새싹을 피우기 위해 퍼져가는 민들레 홀씨의 꽃말은 '봄날은 깊어만 간다'라고 합니다.

오늘 잠깐 읍내에 다녀왔어요. 길가에도 논둑에도 노란 민들레가 무리 지어 피어있었고, 그 아름다움에 취해 있었죠. 그동안 민들레를 바라보며 항상 그 아름다움에 감탄했었는데, 오늘은 좀 달랐습니다.

봄바람이 살랑살랑 불어오니, 자식이 살아 돌아오기를 기원하는 노란 깃발들이 바람에 흔들리는 것처럼 보였어요. 그리고 민들레의 노란 얼굴들이 7년 전 제주로 향하다 침몰하여 사라져간, 채 피지도 못한 꽃 304명 아이들의 얼굴이 손을 흔드는 것 같았죠. 민들레의 아름다운 모습이 깊은 아픔으로 다가왔습니다.

4월이면 항상 생각나는 4·3사건과, 내일이면 4·16 세월호 참사 7주년이 되는 날이라서 그런지, 요 며칠 동안 그 아이들을 생각해서 그렇게 보였을까요?

나는 바람에 흔들리는 민들레를 보고 다시 그때의 모습들이 떠올라 가슴이 먹먹해졌어요. 아이들은 얼마나 무서웠을까요! 들것에 실려 죽음으로 나오는 자식들을 바라보는 그 부모들은 또 얼마나 가슴 아팠을까요! 바다를 바라보며 자식을 기다리는 그 어머니와 아버지들, 그리고 살아 돌아오기를 기다리는 마음을 담은 깃발들이 바람에 휘날리던 모습들이 지금도 생생합니다.

4월은 가장 잔인한 달, 죽은 땅에서 라일락을 피워내고 추억과 욕망을 뒤섞은 봄비로 잠든 뿌리를 깨운다. 오히려 겨울은 따뜻

했다. 대지를 망각의 눈으로 덮어주고 마른 뿌리로 연약한 생명
을 먹이며 우리를 따스하게 지켜 주었네……

– T.S. 엘리엇의 〈황무지〉 일부

T.S. 엘리엇은 4월이 잔인한 달이라는 것을 어떻게 알았을까요? 따스
한 봄 햇살과 바람이 유혹의 손길을 던지는 희망찬 4월, 추위를 이기고
싹을 틔워 꽃들이 만개하는 화려한 봄의 시작이 4·3 민주항쟁과 4·16
세월호 참사로 대한민국의 역사에 기록되고 잔인한 달이라는 것을
말이죠.

먼 산을 넘어 노는 봄 천둥의 울림, 살아있던 그는 지금 죽었고
살아있던 우리는 지금 죽어간다. 약간씩 견디어내면서……

추위를 견디고 꽃과 잎으로 봄 햇살에 밀어 올린 생명력으로 손을
흔드는 민들레. 나는 바람에 흔들리는 민들레의 고운 얼굴을 바라보며
생각했어요.

나의 삶에서, 무리한 화물 적재와 증축은 하지 않았는가?

나의 삶에서, 진도 VTS 관제의 허술함으로 초기 대응 시간을 허비한
것처럼 살지는 않았는가?

나의 삶에서, '가만히 있으라'고 방송하고 승객을 버리고 탈출한
선장과 선원들처럼 무책임한 사람은 아니었는가? 나의 삶에서, 안전

행정부의 중앙재난대책본부가 사고 현장 정보를 제대로 파악하지 못하고 수차례에 걸쳐 잘못된 정보를 발표하고 정부는 허둥대기만 했듯이, 무능과 허술함은 있었지 않았는가?

생각해보니 무리함과 허술함은 있었으나, 책임감을 가지고 열심히 추위를 견디어 온 것 같아요. 어느 시인의 말처럼 민들레 홀씨가 날아가듯, 어느새 생의 3분의 2가 날아가 버린 것 같습니다.

봄마다 맞이하는 예전의 아픈 역사가 있었고, 하늘을 향해 슬픈 바다의 노래를 불렀고, 지금도 코로나19와 남북 관계, 주변 국가와의 해결 과제들이 많이 있지만, 꽃샘추위를 지나 봄의 기운이 가장 무르익은 4월을 맞이하는 지금, 희망과 기대를 갖고 싶어요. 그리고 실제로 노력하고 있답니다.

나는 민들레의 꽃말이 '행복'과 '감사의 마음'이듯이, 하루하루의 삶을 허락하신 하나님께 감사한 마음으로 행복하게 살아가고 있어요. 이것이 304명, 바람이 되어 사라져갔다가 노란 꽃이 되어 우리에게 온 그들의 바람일 겁니다.

인터넷에서 본 시 한 편을 읊어봅니다.

「민들레의 절반은 바람이다」

- 김민자

쇠똥 떨어진 길섶 보리밭 두렁
민들레 속 씨 하나 낙하산을 반쯤 펼치고 있다.
잡초 속에 홀로 꿋꿋한 샛노란 민들레 깃발
어느 맑고 빛나는 봄날 어미 꽃과 작별을 하고
민들레 깃털이 바람 타고 날아간다.
민들레의 절반은 바람이다.
형체 없는 바람의 아비가 그들을 선별해
예측할 수 없는 곳에 데려다 놓고 무심히 가버렸다.
민들레의 일생처럼
우리네 생도 지나가는 바람이 아닌가!
어디선가 또 바람 한 점이 불어온다.
내가 잠깐 조는 사이
내 생이 반쯤 날아가 버렸다.

선하고 아름다운 삶을 위하여
(김형석 교수님의 지혜를 되새기며)

최근 유튜브에서 102세의 대철학자 김형석 교수님의 강의를 접하고 깊은 감명을 받았습니다. 중학교 시절 읽었던 그분의 저서 「영원과 사랑의 대화」를 통해 이미 존경하던 분이었는데, 102세의 연세에도 총명하고 건강하게 강연하시는 모습은 놀라움 그 자체였어요. 그 귀한 내용을 기록으로 남기고 싶어 오늘 이렇게 글을 씁니다.

김형석 교수님은 마태복음 6장 31~34절 말씀을 통해 인생의 세 가지 중요한 교훈을 전하셨어요.

첫째, 무엇을 먹고 마시고 입을까 염려하지 말라. 이는 인생의 전부도 목적도 아니니 소유만을 위해 살지 말라는 가르침입니다.

둘째, 내 인격과 인생을 소중하게 키울 줄 알아야 한다. 소유보다 인격을 가꾸는 것이 훨씬 중요하다는 뜻이죠. 셋째, 그 인격을 가지고 무엇을 위해 살아야 하는지 알아야 한다.

우리 모두가 가진 삶의 목적에 대한 해답을 찾으라는 메시지입니다.

소유를 넘어선 삶의 목적은 무엇일까요?

교수님은 동양에서 흔히 말하는 '빈손으로 왔다가 빈손으로 간다'는 말이 대단히 잘못된 생각이라고 강조하셨어요. 빈손으로 가는 사람은 소유를 인생의 전부이자 목적으로 여기는 이들이라고요. 돈과 물질에 집착하는 삶은 분명 중요하지만, 그리스도인에게는 그것이 인생의 궁극적인 목적이 될 수 없다고 하셨지요.

교수님의 개인적인 경험담은 이 가르침을 더욱 절실하게 다가오게 했습니다. 40대 초반, 탈북 후 가진 것 없이 여섯 아이와 두 동생을 부양해야 했던 극심한 가난 속에서 15년 가까이 돈을 목적으로 살았다고 고백하셨어요. 그러다 어느 날, 대구 제자 동창회 강연과 삼성그룹 강연 사이에서 갈등하다 돈을 더 많이 주는 삼성 대신 제자를 택하셨을 때, 비로소 '돈이 아닌 가치를 목적으로 살아야겠다'는 깨달음을 얻으셨다고 합니다. 놀랍게도 가치를 추구하며 살아가니 오히려 돈이 더 많이 생겼다는 말씀은, 짧게 보지 말고 길게 봐야 진정한 삶의 이치를 알 수 있다는 깊은 울림을 주었지요.

80세쯤 되자 교수님의 생각은 또 달라졌다고 합니다. '나라를 위해서는 적게 가지고, 많은 사람을 위해서는 많이 베푸는 삶'이 진정 주님의 뜻대로 사는 것이라고요. 부자는 돈이 많은 사람이 아니라 많이 주는 사람이며, 끝까지 돈을 움켜쥐려는 사람은 결국 빈손으로 가고, 많이 베풀고 가는 사람이 진짜 부자라는 말씀은 큰 깨달음을 주었어요.

작년에 상을 받아 생긴 돈을 제자들에게 맡겨 사회를 위해 가치 있게 쓰도록 한 일화는, 소유를 초월하여 행복을 찾아가는 삶의 지혜를 보여주었습니다. 소유를 위해 살지 않는 삶이 곧 나 자신과 사회를 행복하게 하는 길이라는 예수님의 가르침을 실천하는 것이야말로 진정한 행복을 얻는 길이라는 거죠.

인격을 가꾸는 삶과 제2의 인생은 어떻게 사는 것일까요?

둘째로, 교수님은 자신의 인격을 소중히 여기고 존경받는 인격을 키우는 것이 모든 사람이 해야 할 일이라고 강조하셨습니다. 많은 사람들이 이를 소홀히 여기는 경향이 있다고 지적하시면서요. 고등학교 졸업 무렵에는 '어떤 직업을 가지고 어떤 사람이 되어 어떤 인생을 살 것인가' 하는 명확한 꿈과 목표를 세워야 한다고 역설하셨습니다. 윤동주 시인, 황순원 작가, 그리고 홍창희 교수님의 예를 들며 어릴 적부터 확고한 꿈을 가지고 그 길을 걸어온 이들이 성공하고 보람 있는 삶을 살았다는 것을 보여주셨어요.

이는 수능 성적만으로 인생이 결정되는 것이 아니라는, 우리 사회 교육의 현실에 던지는 따끔한 일침이기도 했지요.

인생에는 두 단계가 있다고 말씀하시며, 특히 '제2의 인생'의 중요성을 강조하셨습니다. 60세부터 새로운 인생이 시작된다는 미국과 일본 사람들의 이야기를 처음에는 남의 일처럼 들었지만, 직접 60세가 되어 보니 비로소 그 의미를 깨달으셨다고 합니다. 50이 넘어 60이 되면 자녀들이 독립하고 가정과 직장에서 해방되면서 새로운 사회인으로 다시 태어나는데, 이때 '내 인생은 끝났다'고 생각하면 잃어버리는 시간이 너무나 많다는 것입니다.

제2의 인생을 잘 살기 위한 세 가지 방법도 제시해 주셨습니다.

첫째, 꾸준히 공부하고 독서하는 것.

둘째, 젊어서 하고 싶었지만 하지 못했던 취미 활동을 시작하는 것. 90세에 그림을 시작하여 101세까지 그린 미국 할머니의 이야기는 깊은 울림을 주었습니다.

셋째, 무조건 일하라. 수입이나 직책의 높고 낮음을 떠나 무엇이든 일하는 것이 인생을 활기차게 만든다는 말씀입니다. 미국에서 정규직과 비정규직을 따지지 않고 파트타임으로 일하며 유럽 여행과 성지순례를 하는 90세 장로님의 일화와, 병원에서 봉사하며 행복을 느끼는 아주머니들의 이야기는 '일하는 것이 곧 행복'이라는 교수님의 지론을 뒷받침하지요.

김형석 교수님은 당신의 친구인 김태길, 안병욱 교수님과의 대화를 통해 60세부터 75세까지가 인생의 가장 좋았던 시기, 즉 '계란의 노른자' 같은 시기였다고 회고하셨습니다. 이 시기에 지식, 인격, 사회 개념이 모두 성장했고, 본인의 철학적 학문 관련 책들도 대부분 70대에 쓰셨다고 하니, 60대 이후에도 끊임없이 성장할 수 있다는 희망을 주셨습니다. 75세 이후부터 90세까지는 '연장하는 삶'이라고 표현하시며, 김수환 추기경, 김태길 교수, 안병욱 선생의 예를 들어 90세 넘어서까지 꾸준히 활동하셨음을 강조하셨습니다. 제1의 인생보다 제2의 인생이 더 귀하며, 이 소중한 제2의 인생을 잃어버리지 말아야 한다고 당부하셨습니다.

나는 나를 돌아보며 다시 생각해 봅니다.

102세 어르신의 또렷한 기억력과 논리적인 강연, 그리고 품격 있는 내용에 감탄을 금할 수 없었습니다. 그분의 강연에 전적으로 동감하며, 나 자신을 돌아보는 계기가 되었습니다. 혹시 나도 지금 돈을 목적으로 살고 있지는 않은가? 이제는 인생을 소중하게 가꾸고, 무엇을 위해 살 것인지 깊이 생각해 보아야겠다는 다짐을 했습니다. 하나님과 동행하는 삶이 되기를 희망합니다.

권력을 가진 사람들이 국민을 위해 봉사하는 자세로 바뀐다면 얼마나 좋을까 하는 생각도 해보았어요. 무엇보다 제2의 인생을 살고 있는 지금, 끊임없이 공부하고, 책도 더 많이 읽으며 나 자신을 가꾸고 키워 나가야겠다고 다짐합니다. 용기가 샘솟는군요. 색소폰도 열심히 연습하고, 봉사도 하며, 책도 지금보다 더 많이 읽어봐야겠습니다. 그리고 내 생각과 한 일들을 글로 남기는 일에 게으르지 않고, 건강을 위해서도 신경을 조금 더 써 보려 합니다.

선하고 아름다운 삶을 위하여, 힘닿는 데까지 인생 이모작을 멋지게 펼쳐 보이겠습니다!

들깨 씨앗, 생명의 파종

　지난 며칠 사이, 모내기를 마친 논마다 초록빛이 넘실거립니다. 간혹 긴 다리의 두루미인지 왜가리인지 알 수 없는 새들이 우아하게 논 위를 거닐며 무언가를 찾는 모습도 보여요. 개구리 울음소리는 배경음악처럼 깔려 시골의 정취를 더욱 평화롭게 만들어 줍니다.

　뒤뜰 가장자리에는 빨간 앵두가 주렁주렁 탐스럽게 익어 있었어요. 따사로운 햇살을 고스란히 받아 맑고 투명한 빨간 알맹이가 되었죠. 그 영롱한 빛과 모양이 어찌나 정답고 아름다운지, 사진을 한 장 찍어 마음 아파하는 초등학교 친구에게 보냈어요.

　"앵두 따 먹읍시다~"

　잠시 후 친구에게서 답장이 왔습니다.

　"햐! 이쁘다! 보릿대로 후후, 빨간 공을 파란 하늘로 띄웁시다."

　친구의 시적인 감각에 감탄하며 다시 읽어보니, 초등학교 1학년 때 빨간 치마와 색동저고리를 입고 '꽃과 같이 곱게~ 나비같이 춤추며 아름답게 크는 우리...' 노래에 맞춰 춤추던 모습이 생생하게 떠올랐어요. 그때가 엊그제 같은데, 우리는 벌써 70을 향해 달려가고 있네요.

오늘, 저에게 주어진 하루는 들깨 씨 파종으로 채워졌습니다. 작은어머니께서 비닐봉지에 들깨 씨 서너 주먹을 싸 가져오시며 파종하는 방법을 열심히 설명해주셨어요.

"200구짜리 포트 판 25~30개 사고, 배양토 두 포를 사 와. 그리고 포트에 흙을 담고 다른 포트를 위에 올리고 꾹꾹 누르면 구멍이 생겨. 그 구멍에 들깨 알맹이 서너 개씩을 넣고 그 위에 배양토를 살살 뿌리고 평평하게 하면 돼. 그런데 들깨를 박카스 병에 넣고 뚜껑에 구멍을 내어 소금 뿌리듯이 털면 알갱이가 나오니 편하다."

정말 감탄할 일이었어요! 작은어머니의 말씀을 듣지 않았다면, 저는 분명 포트에 손가락으로 꾹꾹 찔러 구멍을 내고 작은 씨앗 서너 개를 일일이 세어 넣었을 겁니다. 한꺼번에 200개의 구멍을 내는 방법도, 박카스 병을 활용해 씨앗을 넣는 방법도 몰랐으니까요. 어른들의 지혜로움은 정말 존경스러웠습니다.

작은어머니의 가르침에 따라 동생 내외와 저는 열심히 26개의 포트 판에 들깨 씨앗을 파종하고 물을 주었어요. 그리고 검은 망으로 위를 덮어 새들이 씨앗을 먹지 못하도록 했습니다.

뒤뜰 한쪽에 있는 작은 연못 물이 다시 탁해졌네요. 그 속에 사는 우렁이와 붕어, 구구리들이 새 물을 달라고 하는 것 같아요. 물 위에 떠 있는 부레옥잠의 색도 초록빛이 선명하지 않고 누렇게 변했더군요.

나는 연못의 물을 퍼내고 새 물로 갈아주었습니다. 그러자 물고기들이 신이 난 듯 활발하게 헤엄을 치기 시작했어요. 나의 사랑스러운 고양이 귀요미도 연못 속 물고기를 한 마리 잡아보고 싶어 유심히 들여다보더군요.

"안 돼~! 저기 산에 가서 참새나 잡아~."

고양이에게 하늘을 나는 참새를 잡으라고 말하는 제가 생각해도 무리한 요구 같았지만, 귀요미는 가끔 참새도 잡고 비둘기도 잡고, 도마뱀까지 잡아와 용감함을 과시했었답니다.

오늘은 어른들의 지혜에 감탄하며 들깨 씨도 파종하고, 연못의 물도 갈아주고, 텃밭의 풀도 뽑았으니 이만하면 나도 어엿한 농부가 아닐까요? 오늘은 하늘도 맑고, 텃밭의 복숭아와 사과, 배, 그리고 체리도 쑥쑥 살이 오르는 것 같아요. 작고 영롱한 앵두의 빛깔도 더욱 윤기가 흐르고요.

평화롭고 보람 있는 휴일입니다.

차를 찾아 헤맨 어느 봄날

지난밤 내내 비가 내리더니, 새 아침은 거짓말처럼 화창한 얼굴로 밝아왔습니다. 마당의 빨간 앵두는 비에 젖어 더욱 빛나고, 방금 목욕을 마친 아기처럼 여린 살이 금방이라도 터질 듯 탱글거렸죠.

마당 가에 심은 우단동자는 빨간 꽃을 피우고 모두 하늘을 향해 합창을 하는 듯했고, 부채 같은 잎을 활짝 편 루피너스도 간밤의 비를 마시고 굵고 힘찬 꽃대를 치켜올리며 꽃망울을 터뜨리기 시작하더군요. 저는 하루를 늘 그렇듯, 한 장의 성경 공부와 감사 기도로 시작하고, 안마당, 바깥마당, 텃밭, 비닐하우스 안을 오가며 저의 손길을 기다리는 꽃과 채소, 과일들과 인사를 나눕니다.

오늘은 수영 강습이 있는 날이었어요. 간단히 아침을 먹고 읍내로 향했습니다. 들녘에 모내기를 마친 초록빛 논에는 왜가리인지 두루미인지, 긴 다리에 하얀 깃털 옷을 입은 일곱 마리의 새들이 고고하게 거닐고 있었죠. 우렁이라도 있는 걸까요? 제가 자라던 때와는 달리 물고기도 우렁이도 쉽게 볼 수 없을 텐데, 저 일곱 선비들이 먹을 수 있는 무언가가 있었으면 좋겠다고 생각했습니다.

길옆 밤나무에는 밤꽃이 털복숭이처럼 길게 무수히 많이 피어 있었어요. 올해는 맛있는 밤을 많이 딸 수 있을 것 같다는 생각에 벌써부터 송편 속에도 넣고, 갈비찜에도 넣고, 약식에도 넣고, 구워도 먹어야지 상상하다가 피식 웃음이 나왔죠. 밤꽃이 이제야 피었는데, 벌써 먹을 생각부터 하고 있다니 말이에요.

 읍내에 도착하니 스포렉스 수영장 주차장은 이미 만원이었습니다. 어쩔 수 없이 주변을 돌다가 적당한 곳에 차를 세우고 수영장으로 들어갔어요. 언제나 상냥한 안내 아주머니와 구두 수선 아저씨와 인사를 나누고 탈의실로 들어섰습니다. 전 시간 강습을 마치고 먼저 나오는 아주머니들의 대화 소리가 제법 시끌시끌했죠.
 탈의하고 수영복을 챙겨 샤워실로 갔습니다. 모두 발가벗고 있는데, 한 아주머니가 제게 다가와 말을 거는 겁니다.
 "일주일 전에 처음 왔다는 아주머니죠? 내가 10시 타임으로 오라고 했더니 왜 그동안 안 보였어요?"
 와! 처음 보는 아주머니인데 기억력도 정말 좋다고 생각했습니다. 그분은 처음 보는 저에게 10시에 수강하고 11시에 끝나 집에 가서 점심 준비해서 먹으면 시간이 딱 맞으니 좋다면서 10시에 오라고 친절하게 안내해주셨었죠. 그러겠다고 대답했지만, 저는 11시에 수강을 받아요. 11시 수업이 끝나고 12시에는 자유 수영으로 더 연습할 수 있기 때문에 욕심을 부린 것이었죠. 제 뜻을 설명하니 그분은 이해하겠다는 듯 더 말하지 않았습니다. 슬그머니 미안하기도 하고 그분의 친절이 고맙기도 하고, 한 번 본 저를 알아보는 그분의 기억력에 감탄스러웠습니다.

수영장에 들어서니 벌써 각 레인마다 수준별로 들어가 있었어요. 저 혼자 초급반이었죠. 저만 혼자 한 레인을 차지하고 물속으로 들어갔습니다. 이제라도 수영을 배울 수 있으니 얼마나 다행인가요. 수영은 생각보다 쉽지 않았습니다. 오늘도 저는 키판을 잡고 발차기를 하며 애를 썼어요. 엉덩이를 더 들어 올리라는데, 엉덩이를 올리려고 하면 다리가 내려가더라고요.

젊은 남자 코치는 군대식으로 목소리를 높이며 소리쳤습니다.

"발차기하며 네 번~!"

열심히 한참을 하고 시계를 보면 5분밖에 지나지 않았어요. 다시 또 한참을 하고 시계를 보니 또 5분밖에 지나지 않았죠. 한 시간 수업을 마치고 더 남아 연습하겠다던 생각은 그저 저의 욕심일 뿐이었습니다. 수영을 마치고 나오니 기분은 상쾌했어요. 오늘 안 되면 내일 또 하면 되겠지.

집으로 돌아오기 위해 차로 향했습니다. 그런데 제가 세워놓았다고 생각한 자리에 제 차가 보이지 않고 다른 차가 서 있는 겁니다. 깜짝 놀라 주변을 몇 바퀴 돌며 찾아다녔어요. 하지만 차는 보이지 않고, 햇살은 뜨겁고, 배는 고프고, 다리도 아팠죠. 어쩔 수 없이 경찰의 도움을 청했더니, 경찰차 두 대가 방향을 나누어 찾으니 금방 찾아내더군요. 그동안 저는 차가 있던 반대쪽에서 찾고 있었던 것이었어요.

너무 부끄럽고 창피했습니다. 치매가 오는 건 아닐까 걱정되고 한심하게 느껴졌죠. 이제 정신 차려야겠어요. 주차하면 사진도 찍어 놓고, 기억해야 하는 일은 꼭 적어놓고, 뇌 영양제도 잘 챙겨 먹어야겠습니다.

오늘은 흘러간 세월 속에 허우적대는 저의 모습을 실감하는 날이었습니다. 하지만 사는 날까지 최선을 다하며 살아가야죠. 하나님이 허락하신 날들을 감사하며 살아갈 겁니다.

재인폭포,
전설을 품은 비경 속으로

    예배를 마치고 딸과 함께 한탄강 유네스코 세계지질공원 탐방에 나섰습니다. 15곳의 지질 명소 중 오늘의 목표는 재인폭포, 좌상바위, 그리고 아우라지 베개용암이었죠.

    나들이하기에 더없이 맑고 화창한 날씨였습니다. 딸은 연신

    "엄마, 하늘 봐봐요. 하늘이 너무 예쁘다!"

    를 외쳤고, 저는 속으로 '내가 어릴 적 보던 하늘은 더 깨끗하고 예뻤단다'라고 중얼거리며 지금의 오염된 자연이 안타까웠습니다.

    임진각을 지나 한참을 달리니 신기한 장면이 눈에 들어왔어요. 커다란 댐과 수문이 있는데 물이 전혀 없는 댐이었습니다. 인터넷으로 찾아보니 평창의 도암댐인 듯했어요. 댐이 노후화된 건지, 쓸모가 없어진 건지, 아니면 북한에서 많은 물을 내려보낼 때를 대비한 것인지 갖가지 추측을 해 보았죠.

    한 시간을 달려 드디어 재인폭포에 도착했습니다. 이미 많은 사람이 폭포 아래 물길을 따라 거닐고 있었어요. 폭포는 높은 곳에서 물이 끊임없이 쏟아지고 있는데, 아래로 떨어진 물은 거의 흐르지 않는 듯

했습니다. 높이가 16m에 달하는 폭포와 그 아래 잔잔한 물 위를 걷는 사람들의 모습이 너무나 작아 보였고, 현무암과 하나가 되어 색깔 있는 현무암 조각처럼 느껴졌어요. 그리고 안내판에 쓰인 재인폭포의 전설을 읽고 다시 폭포를 보니, 그 높이와 모습에 소름이 돋았습니다.

재인폭포의 슬픈 전설

재인폭포에는 오랜 세월 전해 내려오는 전설이 있었어요. 재인은 줄타기 곡예사로, 허공잽이라는 뛰어난 기술을 가지고 있었다고 합니다. 줄을 타고 앉았다가 줄의 탄력으로 몸을 높이 솟구쳐 오를 때, 공중에서 몸을 몇 번이고 틀어 방향 전환을 하는 기예였죠.

옛날 재인폭포 인근 마을에 금실 좋기로 소문난 광대 부부가 살고 있었는데, 어느 날 남편인 재인과 그의 아름다운 아내에게 날벼락이 떨어졌습니다. 새로 부임한 원님이 재인폭포에서 줄타기하라는 명령을 내린 것이었죠. 광대의 아내에게 흑심을 품은 원님의 간악한 계략이었어요. 줄을 타던 재인은 원님이 사람들을 시켜 몰래 줄을 끊게 하는 바람에 폭포 아래로 떨어져 숨을 거두고 말았습니다. 원님의 수청을 들게 된 아내는 원님의 코를 물고 자신도 스스로 목숨을 끊었다고 합니다. 그 후로 마을 사람들은 코문이가 산 마을이라고 하여 '코문리'라 불렀고, 현재는 '고문리'라는 이름으로 자리 잡게 되었다고 해요.

재인폭포의 전설을 읽고 나니 구약성경의 다윗왕이 떠올랐습니다. 다윗은 유부녀인 밧세바를 임신시키고, 그녀의 남편 우리야를 전쟁터에서 죽게 했죠. 사람을 죽이면서까지 정욕을 채우려는 그 마음은 대체 어디에서 나오는 것일까요? 인간의 정욕이 죄 없는 사람을 죽음에 이르게 하는 악독한 죄라는 사실이 너무나 안타깝게 느껴졌습니다.

안내판에는 이런 설명이 적혀 있었습니다. '연천군은 한탄강 홍수 조절용 댐 건설로 홍수 시 수몰되는 재인폭포 인근을 재인폭포 공원으로 새로 조성하였다. 재인폭포 공원은 한탄강을 따라 경관을 감상할 수 있는 전망대 및 탐방로, 그리고 재인폭포 출렁다리 등으로 구성되어 있다. 계절마다 바뀌는 재인폭포 및 한탄강의 절경을 감상할 수 있는 생태 공원이다. 재인폭포는 한탄강에서 가장 아름다운 지형 중 한 곳으로 연천군 최고의 명소로 오래전부터 알려져 있다. 재인폭포는 북쪽에 있는 지장봉에서 흘러 내려온 물이 높이 약 18m에 달하는 현무암 주상절리 절벽으로 쏟아지는 것이 장관을 이룬다. 또한, 이곳은 천연기념물 어름 치와 멸종위기종인 분홍장구채 등의 서식지로도 알려져 있으며, 폭포의 이름이 유래된 아름다운 사랑 이야기도 전해진다.'

또 자연의 신비와 역사의 흔적을 찾아 나섰습니다.

재인폭포에서 조금 더 상류로 오르니 선녀탕이 나타났습니다. 마치 선녀들이 하늘에서 내려와 목욕하고 갔을 것 같은 아름답고 깨끗한 물과 시원한 물소리가 자연의 조화를 이루며 흘러내리고 있었죠.

선녀탕을 지나는 길옆 오디나무에는 오디가 까맣게 익어 있었어요. 몇 알 따서 입에 넣으니 달콤함이 생각보다 더하여 맛있었습니다.

다음으로 아우라지 베개용암을 보려고 차를 달리다가 길 안쪽에 있는 연천 신답리 고분에 들렀습니다. 이곳의 고분 두 기는 고구려 지배 양상을 증명하는 중요한 고고학 자료라고 하더군요. 이어서 천연기념물 제542호 아우라지 베개용암으로 갔어요. 한탄강 건너편 주상절리 아래로 베개를 쌓아 놓은 듯한 암석들이 보였고, 주상절리 위에 자란 나무들이 인상적이었습니다.

다음 목적지는 압도적인 경관을 자랑하는 좌상바위였습니다. 좌상바위는 한탄강 변에 약 60m 높이로 우뚝 솟아 있었어요. 백악기 말의 화산 활동으로 만들어진 장탄리 현무암으로 구성되어 있으며, 화산의 화구나 화도 주변에서 마그마가 분출하여 형성된 것이라고 했습니다. 좌상바위 앞으로 흐르는 강물 소리는 여름의 더위를 식혀주는 시원한 노랫소리 같았어요. 강변에는 흩어져 있는 많은 현무암이 보였고, 간간이 이암, 사암, 그리고 역암도 눈에 띄었습니다. 저는 자갈이 섞여 있는 커다란 돌을 발견하고 "역암이다!"라고 소리쳤죠. 그런데 자세히 보니 시멘트 콘크리트 덩어리가 버려져 물에 닳은 것이었습니다. 우리는 한바탕 웃고, 석영이 많이 섞여 있는 예쁜 돌과 현무암 하나씩을 집어 들고 나왔어요. 혹시 누가 보면 뭐라 할까 봐 배에 숨겨 나왔는데, 햇빛에 달구어진 돌이 배를 따뜻하게 해주더군요.

집으로 돌아오는 길에 '조선왕가'라고 쓰여 있는 곳이 눈에 띄었습니다. 정말 조선 시대의 왕가인 양 'ㅁ'자 모양의 거대한 기와집이 나타났어요. 그곳은 잘 갖추어진 숙박 시설이었는데, 그 모습과 웅장함이 조선의 왕가 같아서 무척 멋있었습니다.

겹겹이 솟아있는 웅장한 산 너머로 해가 저물어갑니다. 오랜만에 딸과 함께 강원도 산세의 아름다운 자연경관을 감상하며 힐링하는 시간을 가졌네요.

독자의 손 편지

정혜순 先生님 前

「어머니는 지나가는 기차 소리를 듣고
'벌써 11시구나!' …하셨다.
기차는 들에서 일하시던 엄마의
시계이기도 하였다.」

'엄마'는 이제 내 가슴에서 두근거리는 이름으로 존재합니다.
    '누구야, 밥 먹어라'하고 소리 질러 맨발로 뛰어노는 자식을
불러들이시던 어머니, 똥 싼 엉덩이 한 번 찰싹 때리시며 인제
가릴 때 되지 않았느냐고 하시던 어머니,
    어떻게 왔냐며 화색이 된 얼굴로 맞아주시던 어머니,
    늘상 먹고 있는 자식에게 더 먹어라, 더 먹어라 하시며 당신
배고픈 것 잊으시고 흐뭇해하시던 어머니,

    이제는 내 자식이 엄마가 되어

엄마, 그렇게 하는 게 아니라고 도리어 늙은 어미를 가르치려 듭니다.

　제주에서의 뜸한 생활은 청산하셨나요?

　방금 상재 하신 「내 삶의 여백에 담은 온기」받고 앉은 자리에서 반은 읽은 듯합니다.

　인생(삶)의 희로애락은 애락희로 하다가, 희희락락 하다가, 애애절절한 꼴을 당하기도 합니다.

　온갖 길을 걸어왔으면서도, 그만 새로운 길은 없을성싶은데도 여전히 가 보지 않은 길이 많은 것을 알기에 우리 살아가는 세상이 종점 없는 나그네 길이군요.

　가족 그리고 따님의 이야기 잘 들었습니다.

　황혼녘에서 수필집을 내놓는다는 것은 일종의 정리일 수 있겠습니다.

　차마 꺼내놓지 못하고 여전히 숨겨진 이야기도 있을 것입니다. 어떻게든 미화시키고 싶은 이야기도 있을 것입니다.

　아름다움은 읽는 사람으로 하여금 기분 좋은 풍경으로 만나게 해 주겠지만,

　아픔과 치유라는 것은 공감으로 깊숙이 느끼게 해 준다는 점에서

전해지는 이야기의 울림이 있는 것입니다.

이야기 속에 어떤 의미가 담겨있든지
그 이야기를 담아내기 위해 인고의 시간이 필요했겠지요.

67편의 이야기,
67세에 버금가는 세월이라도 되는 것처럼
펼쳐 놓은 삶의 이야기입니다.

아마도 주변 정리를 하고 계시겠지요.
손에서 놓을 것이 많겠지요.
아깝다 해도 놓을 것은 놓고, 가벼운 마음으로
남은 시간들을 채우지 못했던 다른 것들로
행복하게 채워가시는 날들이 되시길 빕니다.

수필집 상재를 다시 한번 축하드립니다.

2021. 6월 초여름 날씨에
이택규 드립니다.」

독자의 정성 어린 손편지에 저는 깊은 감동을 받았습니다.

「내 삶의 여백에 담은 온기」는 나의 첫 번째 수필집인데 내 나이 67세인 것을 어떻게 아셨는지, 그리고 67편의 이야기인 것을 세어보신 그 섬세한 마음에 다시 한번 놀랐습니다. 대개는 전화나 카톡으로 간단한 감상을 보내주시거나, 피아노로 글 속의 음악을 연주하여 보내주시곤 합니다. "아름다운 글이었다", "지극히 여성스러운 사물에 대한 섬세한 표현, 삶의 솔직 담백한 진솔함, 너무 공감이 가는 좋은 글이다", "삶이 궁핍할 때 마음의 양식으로 잘 쓰일 것으로 소중히 간직하고 곡간에 곡식을 넣어 둔 것 같은 든든한 책이 될 것이다", "잔잔하게 써 내려간 것이 우리의 정서와 공감이 가고 감동적이다. 여러 번 눈물이 맺혔다" 등 짧지만 진심이 담긴 말씀들에 늘 감사하고 있습니다.

하지만 이택규 님의 편지는 단순한 감상을 넘어선, 제 삶을 깊이 헤아려주시는 따뜻한 마음이 가득 담겨 있었습니다. 제 글이 독자에게 조금이라도 온기가 전해졌다면 그것만으로도 큰 보람을 느낍니다. 그러나 무엇보다 소중한 것은, 독자님의 말씀처럼 글을 쓰는 저 자신에게 이 과정이 삶을 정리하고 마음의 평안을 얻는 귀한 시간이었다는 점입니다. 제 글이 누군가에게 위로와 공감이 되었다는 사실도 기쁘지만, 글쓰기 자체가 저에게 주는 가치가 얼마나 큰지 다시금 깨닫게 해주셔서 진심으로 감사드립니다. 보내주신 따뜻한 격려와 지지에 힘입어, 남은 여생을 더욱 선하고 아름답게 채워나갈 용기를 얻었습니다.

정말 감사합니다.

엄마, 그래도 되는 줄 알았어요

　일주일 전, 아들에게서 전화가 걸려왔습니다. 막내 아이가 고열과 함께 온몸에 붉은 반점이 생겨 병원에 입원했는데, 원인 불명의 가와사키병일 가능성이 크다는 소식이었죠. 그 말을 듣는 순간 가슴이 덜컥 내려앉았습니다. 못된 병은 아닐지, 무엇이 잘못된 건지 온갖 걱정이 밀려왔습니다. 저도 이토록 마음이 아픈데, 아이의 아빠와 엄마는 얼마나 놀라고 힘들었을까요!

　일단 세 살 손자와 여섯 살 손녀의 어린이집과 유치원 등교 준비가 문제였습니다. 무엇을 어떻게 준비시켜야 할지 막막해서, 선생님께 연락드려 등원하지 못한다고 알린 뒤 두 아이를 제 집으로 데리고 왔습니다. 우리 집에도 돌봐야 할 개와 고양이가 있기도 했지만, 저 나름의 생활을 이어가기 위함도 있었죠.

　손주들은 말할 수 없이 귀엽고 사랑스러웠습니다. 제 자식들을 키울 때는 귀여운 줄도 사랑스러운 줄도 모르고 정신없이 보냈는데, 손주들은 왜 이토록 귀엽고 사랑스러운지! 하지만 이 사랑스러운 손주들이 오고 나서 저의 일상은 완전히 마비되었습니다. 수영장에 가는 것도,

색소폰을 부는 것도, 글을 쓰는 것도 모두 할 수 없게 되었어요. 오로지 아이들만 바라보고 응대하며 놀아주는 일에만 전념해야 했습니다. 아직 대소변을 가리지 못하는 작은아이의 기저귀를 갈아주고, 무엇을 하며 놀아줘야 할지 고민하고 찾아내야 했죠. 아이들이 좋아할 만한 음식도 만들어야 하고, 아이들끼리 다치지 않고 노는지 늘 살펴야 했습니다.

무엇보다 가장 힘든 일은 식사 시간에 음식을 입에 넣은 채 넘기지 않고 있는 아이들에게 밥을 먹이는 일이었습니다. 제 나름대로 아이들 입에 맞을 것 같은 음식들을 열심히 만들어 먹여보지만, 아이들은 생각처럼 맛있게 먹어주지 않았어요. 저는 한 수저라도 더 먹이기 위해 온갖 애를 써야만 했죠.

다음으로 어려운 것은 손자 녀석이었습니다. 남자아이라 그런지 거칠어서 누나를 짓누르고 머리카락을 잡아당겨 힘들게 하고, 쓸데없는 고집을 부리거나 떼를 쓰곤 했어요. 짜장을 포크로 먹지 않고 숟가락으로 먹겠다고 고집하고, 장난감 자동차를 타고 찻길로 나가겠다고 떼쓰고, 오줌을 흠뻑 싸고도 기저귀를 갈아입지 않겠다고 버티고, 집에 가지 않고 더 놀겠다고 울며 떼를 쓰는 등 힘으로 감당하기도 버거웠고, 고집을 받아주기도 힘들었습니다.

아이들과 보낸 일주일은 한 달처럼 길게 느껴졌습니다. 손주들을 돌보는 일이 이렇게 힘든 것을, 저도 예전에 제 세 아이를 엄마에게 부탁했었죠. 농촌에서 예전에는 기계로 농사짓는 것이 아니라 손으로 직접 모내기를 하고 낫으로 벼를 베던 시절이었습니다. 그 바쁜 농번기에도 엄마는 저의 아이들을 돌봐야 했죠. 모내기할 때는 아이를 고무 다라에 앉혀 물에 띄워 놓고 모를 심으셨고, 고구마를 캘 때는 흙밭에 아이를 내려놓고 일을 해야 하셨습니다.

그때 저는 아이가 햇볕에 타는 것을 걱정했고, 흙에 묻거나 외부 기생충이나 뱀에 물리지 않을까 걱정했지, 엄마의 힘든 것은 심각하게 생각하지 못했습니다. 아이를 보살피면서 농사를 지어야 하는 엄마의 노고와 고충을 염려하기보다, 오히려 마음에 들지 않는 육아 방식에 대해 직접 말씀은 안 드렸어도 속으로는 원망스러웠습니다.

제가 직장생활을 하니 엄마는 당연히 제 아이를 돌봐줘야 한다고 생각했을 것이고, 엄마는 바쁘고 힘이 들어도 나는 그래도 되는 줄 알았습니다. 손발이 갈라져 사포같이 거칠어도, 농사일에 시달리고 보채는 아이 때문에 잠이 부족하여 피곤해도, 농사일과 함께 세끼 식사를 준비하셔도, 터진 손으로 장갑도 없이 아이의 기저귀를 빨아도, 엄마는 그래도 되는 줄 알았던 것입니다.

가슴이 저며 오도록 아픕니다!

제가 어른이 되고 손자들을 맡아보니, 농사를 짓지 않아도 아이 돌보는 일은 너무나 힘든 일입니다. 엄마는 그래도 되는 분이 아니었습니다.

엄마의 무한한 자식 사랑으로 그 어려운 일들을 아무 말씀 없이 묵묵히 감당하셨다는 것을 생각하니 참으로 죄송스러웠습니다.

인생은 60부터 철이 든다더니, 저는 이제야 철이 드는 것일까요? 병석에 누워 계신 엄마를 생각하면 되돌릴 수 없는 잘못을 한 것 같아 가슴이 미어집니다.

다행히 입원했던 손자가 회복하여 집으로 돌아왔고, 저도 아이들을 데려다 주었습니다. 아들이 아이들을 맞으며 말했습니다.

"엄마, 지금 현금이 없으니까 통장에 돈 조금 넣어드릴게요."

나는 "무슨 돈? 나 너한테 품팔은 것 아니다"

라고 답했습니다. 아들은

"애들 맛있는 것 해주시느라고 돈 많이 쓰셨잖아요"

라며 살짝 말을 돌렸지만, 나는 "아니다. 나 기쁜 마음으로 한 것이다. 신경 쓰지 마라. 내가 남이냐?"라고 했습니다.

아들은 그래도 저보다는 나은 것 같습니다. 엄마의 노고를 생각하고 있으니 말입니다. 며칠 동안 엄마에게 한없이 죄송하고, 사무치도록 뵙고 싶은 날입니다.

그물망이 된 케일

올봄, 제 작은 텃밭은 제법 풍성해졌습니다. 상추, 근대, 쑥갓, 케일, 부추, 호박, 오이, 가지… 정성 들여 심은 채소들이 하루가 다르게 자라는 모습은 큰 기쁨이었죠. 오늘 아침엔 드디어 첫 애호박을 땄습니다. 매끈하게 잘생긴 녀석들이 여기저기 달려있는 걸 보니, 절로 마음이 뿌듯해졌습니다. 바구니 가득 애호박을 담고 나니 부자가 된 기분이었습니다.

다음은 상추와 케일을 뜯을 차례였습니다. 그런데 가까이 다가간 저는 고개를 갸웃할 수밖에 없었습니다. 상추는 벌레 하나 타지 않고 파릇파릇한데, 바로 옆 케일 잎은 구멍이 숭숭 뚫려 앙상한 그물처럼 변해 있었기 때문입니다. '어째서일까? 한 뼘도 안 되는 땅을 사이에 두고 자라는데, 어째서 상추는 멀쩡하고 부채처럼 넓던 케일은 이 꼴이 되었을까?'

사실 케일은 제가 특별히 기대하며 심은 작물이었습니다. 녹황색 채소 중 베타카로틴이 가장 많아 항암 작용에 좋고, 빈혈에도 효과가 있다는 정보를 접하고는 주스로 만들어 먹을 생각에 부풀어 있었거든요. 그런데 그 귀한 잎을 벌레들이 모조리 먹어 치운 겁니다.

궁금한 마음에 잎을 뒤집어보니, 연둣빛 배추벌레 여러 마리가 잎맥에 붙어 부지런히 식사 중이었습니다. 좁쌀 같은 노란 알까지 촘촘히 붙어 있었죠.

그 순간, 제 머릿속에 문득 한 장면이 스쳐 지나갔습니다. 제가 아이들을 가르치던 시절의 기억이었습니다. '아, 이걸 아이들에게 보여줬다면 정말 좋은 공부가 되었을 텐데.' 하는 생각에, 지금은 그럴 수 없다는 사실이 못내 아쉬워졌습니다.

초등학교 3학년 아이들과 배추흰나비의 한살이를 관찰하던 때였습니다. 동네 목재상 화분에 심긴 배추에서 나비 알을 발견하고는, 주인아주머니께 양해를 구해 학교로 가져왔죠. 저는 커다란 수조에 물컵을 놓고 배추를 통째로 담가, 아이들이 매일 변해가는 모습을 관찰하게 했습니다. 알에서 애벌레로, 번데기를 거쳐 마침내 나비가 되기까지의 모든 과정을 아이들은 그림으로 그리고 글로 쓰며 생명의 신비를 체험했습니다. 수조 안에서 열 마리 남짓한 나비들이 파르르 날갯짓을 하던 날, 다 함께 운동장으로 나가 하늘로 날려 보내며 환호성을 지르던 아이들의 얼굴이 지금도 선합니다.

추억에서 깨어나 안타까운 마음으로 케일을 바라보다, 이번에는 멀쩡한 상추로 시선이 옮겨갔습니다. '상추에는 대체 무슨 비밀이 있기에 벌레들이 피하는 걸까? 누가 가르쳐주지도 않았을 텐데, 독이라도 있다는 걸 어찌 아는 걸까?'

저는 곧장 인터넷을 검색하기 시작했습니다. 이유는 상추 특유의 쓴 맛을 내는 '락투세린'과 '락투신'이라는 알칼로이드 성분 때문이었습니다. 이 성분은 진통과 최면 효과가 있어, 상추를 먹으면 나른해지는 원인이 기도 합니다. 동물에게 강한 생리작용을 일으키는 이 성분을 벌레들은 본능적으로 피하는 것이었죠.

더 찾아보니, 우리 조상들의 놀라운 지혜도 발견할 수 있었습니다. 옛 시골집 장독대 근처에 상추를 심었던 이유 말입니다. 뱀은 허물을 벗기 위해 염분이 필요한데, 간장과 된장을 푸다 보면 소금기가 쌓이는 장독대 근처는 뱀이 나타나기 쉬운 장소였습니다. 우리 어머니들은 뱀을 막기 위해 장독대 주위에 상추를 심었습니다. 『증보산림경제』에 는 '상추밭에는 벌레가 없고, 뱀이 상추에 닿으면 눈이 먼다'는 기록까 지 있었습니다. 상추가 천연 방어벽 역할을 한 셈입니다.

참 감탄스럽지 않나요? 배추벌레는 제 몸에 이로운 케일을 귀신같이 찾아내고, 다른 벌레나 뱀은 제 몸에 해로운 상추를 본능적으로 알아서 피합니다. 아무도 가르쳐주지 않은 생존의 법칙을 저 작은 미물들은 이미 체득하고 있었던 겁니다.

오늘도 저는 작은 텃밭에서 거대한 자연의 섭리를 배웁니다.

2장.
하고 싶어도 못할 때가 와요

…오늘 저는 두 친구 덕분에 다시 일어설 힘을 얻었습니다.
'하고 싶어도 못할 그날'을 기억하며, '할 수 있는 오늘'을 살아가기로
다짐합니다. 제 앞에 놓인 하루하루가 얼마나 소중한 시간인지,
텃밭의 늙은 오이와 친구들의 지혜가 새삼 가르쳐준 하루였습니다.

제가 배운 생각의 차이

한여름의 더위는 제 모든 의욕을 삼켜버렸습니다. 끈적한 장맛비와 후덥지근한 공기 속에서 저는 며칠째 아무것도 하지 못하고, 아니, 하고 싶지 않았습니다. 구석의 색소폰은 먼지만 쌓여가고, 텃밭의 잡초는 주인을 비웃듯 자라났습니다. 그나마 수영장 물속에서 허우적거리는 시간만이 유일한 움직임이었습니다.

어제는 텃밭에 나갔다가 마음이 더 무거워졌습니다. 제때 거두지 못해 늙어버린 애호박과 노각이 된 오이들이 저의 게으름을 꾸짖는 듯 했습니다. 하필이면 남편의 기일이 다가오고 있어서였을까요. 가라앉은 마음은 추모공원에 다녀온 뒤에도 떠오르지 않았고, 저는 결국 침대와 한 몸이 되어버렸습니다.

답답한 마음에 동료였던 친구에게 메시지를 보냈습니다.
"날씨 탓인지, 아무것도 하기가 싫으네요. 그냥 한없이 우울해요."
얼마 지나지 않아 친구의 답이 돌아왔습니다.
"그래도 무언가 계속 하셔야 해요. 하고 싶어도 못할 때가 와요."

그 짧은 문장이 제 머리를 세게 때리는 것 같았습니다. '하고 싶어도 못할 때가 온다….' 왜 이 당연한 사실을 잊고 있었을까요. 그 말이 녹슨 톱니바퀴 같던 제 마음에 기름을 붓고 억지로 돌리기 시작했습니다. 갑자기 마음이 조급해졌습니다. 나에게 남은 시간이 얼마나 될까. 이렇게 누워만 있을 때가 아닌데.

저는 벌떡 일어나 색소폰을 꺼내 들었습니다. 앞으로 얼마나 더 이 악기를 불 수 있을지는 모르지만, 적어도 지금은 불 수 있다는 사실에 집중하기로 했습니다. 한 시간쯤 서툰 멜로디를 불고 나니, 땀과 함께 묵직했던 마음도 조금은 흘러나간 기분이었습니다.

그때, 또 다른 친구에게서 메시지가 도착했습니다. 마치 제 상황을 다 안다는 듯이, 그 친구는 생각의 전환에 대한 이야기를 보내주었습니다.

뉴욕 한복판에서 단돈 15달러에 2주간 안전하게 주차하기 위해 수억 원짜리 차를 담보로 대출을 받은 여성의 기발한 발상. 그리고 '나는 맹인입니다'라는 푯말을 '아름다운 날이에요, 하지만 전 볼 수 없네요'라는 감성적인 문구로 바꾸어 사람들의 마음을 움직인 이야기였습니다.

두 친구는 약속이라도 한 듯 제게 같은 말을 하고 있었습니다. 모든 것은 생각하기 나름이라고. 주저앉아 세상을 탓할 수도 있지만, 일어서서 다른 길을 찾아볼 수도 있다고 말입니다.

오늘 저는 두 친구 덕분에 다시 일어설 힘을 얻었습니다. '하고 싶어도 못 할 그날'을 기억하며, '할 수 있는 오늘'을 살아가기로 다짐합니다. 제 앞에 놓인 하루하루가 얼마나 소중한 시간인지, 텃밭의 늙은 오이와 친구들의 지혜가 새삼 가르쳐준 하루였습니다.

이래도 저래도 미안해!

사냥의 명수로 이름난 우리 고양이 귀요미가 오늘도 제 마음을 헤집어 놓았습니다.

녀석은 방 안의 파리나 나방은 물론, 1미터 높이의 벽에 붙은 것도 훌쩍 뛰어 정확히 잡아내는 실력가입니다. 제가 밖에서 일이라도 할라치면 강아지처럼 졸졸 따라다니다가도, 눈에 띄는 모든 것을 사냥합니다. 나비, 개구리, 도마뱀, 심지어 공중을 나는 잠자리와 참새, 비둘기까지도요. 그리고는 자랑스럽게 그 전리품을 제 앞에 가져다 놓습니다.

처음에는 기특했지만, 날이 갈수록 사냥감이 커지자 저는 덜컥 겁이 났습니다.

"아가야, 다른 건 몰라도 뱀은 징그러우니 물고 오지 말아라. 부탁이다."

하고 신신당부를 할 정도였으니까요.

오늘 낮에는 살아 꿈틀거리는 도마뱀 한 마리를 물고 왔습니다. 저는 기겁하며 녀석의 입에서 도마뱀을 빼앗아 화단에 놓아주었습니다.

도마뱀은 살기 위해 망설임 없이 꼬리를 끊어버리고는 몽땅해진 몸으로 한련화 잎 사이로 사라졌습니다. 그 절박하고도 용감한 몸짓에, 저는 다친 도마뱀에게 미안해졌습니다.

하지만 고개를 돌리자, 제 선물을 빼앗기고 어리둥절한 표정으로 저를 쳐다보는 귀요미가 있었습니다. '엄마는 왜 내 선물을 싫어하지?', '왜 내 먹이를 빼앗는 거야?' 하고 원망하는 듯한 눈빛에 이번엔 귀요미에게 미안해졌습니다.

저녁 설거지를 하는데, 이번엔 작은 참새를 물고 나타났습니다. 녀석은 재빨리 안방으로 들어갔습니다. 잠시 망설였습니다. 하지만 방 안에서 생명이 스러지는 것을 보고 싶지 않았고, 고통 속에서 죽어갈 참새가 너무나 불쌍했습니다. 귀요미는 한참을 가지고 놀다 먹을 테니, 그 고통이 오죽할까요.
결국 저는 또다시 귀요미에게서 참새를 빼앗았습니다. 깃털 몇 개가 뽑혔지만 다행히 살아있어, 밖으로 나가 날려주니 힘차게 날아갔습니다. 그러자 귀요미는 또다시 날아간 사냥감을 찾아 방 안을 두리번거렸습니다.

이러지도 저러지도 못하는 제 마음은 참으로 복잡합니다. 놓아주면 사냥꾼의 본능을 무시당한 귀요미에게 미안하고, 그대로 두면 힘없는 생명에게 미안합니다.

　생명은 누구에게나 소중하고 하나밖에 없으니!

생일 축하 세 자매 나들이

어제는 광복절, 그리고 견우와 직녀가 만나는 칠석이었습니다. 바로 음력으로 제 생일이기도 했지요. 자녀들과는 지난주에 미리 만나 두둑한 축하금과 함께 축하를 받았지만, 정작 당일이 되니 전화 한 통이 전부였습니다.

그런데 마음 한구석이 텅 빈 듯 허전했습니다. 남편이 살아있었다면 며칠 전부터 눈만 마주쳐도

"여보, 생일 축하해!"

하고 속삭였을 겁니다. 오늘도 작은 케이크 하나를 사 들고 와, 제가 좋아하는 탕 한 그릇을 사 주었겠지요. 그리고 앞으로 열흘은 더

"여보, 생일 축하해!"라는 말을 들으며 아이들과 함께 웃었을 겁니다. 수년째, 제 생일을 챙겨주던 그가 없다는 사실이 새삼 허전하게 다가왔습니다.

주일 예배를 마치고 집에 오니, 광명에 사는 바로 아래 동생 내외와 저 멀리 포항에서부터 달려오고 있는 셋째 동생에게서 연락이 왔습니다. 제 생일을 축하해 주기 위해 먼길을 달려오고 있는 것이었습니다. 반가움과 고마움에 마음이 벅차올랐습니다. 가진 것은 많지 않아도

서로 아끼고 위하는 우리 형제들의 우애만큼은 누구에게도 뒤지지 않는다는 자부심에 가슴이 뿌듯해졌습니다.

　제부와 세 자매는 수덕사에서 돌솥 정식으로 저녁을 먹었습니다. 상다리가 휘어지도록 차려진 한 상은 그야말로 진수성찬이었습니다. 갖가지 산나물과 더덕구이, 도토리전, 된장찌개와 돌솥밥까지, 좋은 음식을 주신 하나님께 감사하며 맛있게 먹었습니다. 식당을 나오며 호기심에 더덕 막걸리와 밤 막걸리도 한 병씩 샀지만, 술을 잘 못하는 우리는 밤새 이야기꽃을 피우느라 두 병을 반도 비우지 못했습니다.

　다음 날 아침, 우리 세 자매는 안면도 백사장 포구로 향했습니다. 안면도로 들어서니 붉은 황토밭이 눈에 들어왔습니다. 둥글둥글한 밭과 네모반듯한 염전, 세월에 깎인 작은 돌들까지, 모난 것 하나 없는 풍경이었습니다. 쉼 없이 부는 바닷바람에 깎이고 다듬어져 그런가 봅니다.
　백사장 포구에 도착하니, '대하랑꽃게랑육교'라는 재미있는 이름의 다리가 우리를 맞았습니다. 용수철처럼 둥글게 감아 올라가 바다 위로 시원하게 뻗어있는 아름다운 인도교였습니다. 다리에 오르니 항구의 작은 배들과 춤추는 갈매기들이 한눈에 들어왔습니다. 시원한 바람에 기분이 좋아져 사진을 찍기로 했습니다.
　넉살 좋은 동생이 지나가던 분께 다가가 부탁했습니다.
　"아저씨, 죄송하지만 사진 한 장만 찍어 주시겠어요? 앞다리(leg)는 안 나와도 되고요, 뒷다리(bridge)는 잘 나오게 찍어 주세요."

그분이 웃으며 셔터를 눌러주고 돌아서자마자 동생이 한마디 덧붙였습니다.

"'가운뎃다리는 없어요'라고 말하고 싶었는데 꾹 참았어." 그 말에 우리는 박장대소를 하였습니다..

다리에서 내려와 안면암에 들렀습니다. 바닷가 언덕 위에 세워져 경관이 무척 아름다운 곳이었습니다. 절에서 내려다보이는 바다 저편, 두 개의 작은 섬 사이에 떠 있는 부상탑 위로 해가 떠오르는 모습이 일품이라 사진작가들이 많이 찾는다고 합니다.

우리는 다시 '나문재'라는 섬으로 향했습니다. 섬 안에 또 다른 섬인 그곳은 아름다운 정원처럼 꾸며진 펜션과 카페가 있는, 섬 자체가 하나의 작품 같은 곳이었습니다. 하지만 금강산도 식후경이라고, 너무 배가 고파 아쉬움을 뒤로하고 식당을 찾아 나섰습니다. 한참을 달려 겨우 찾은 식당에서 시래기 해장국을 먹는데, 어릴 적 엄마가 끓여주시던 바로 그 구수한 맛이었습니다. '엄마와 함께 왔더라면 얼마나 좋았을까' 하는 생각에 잠시 마음이 뭉클해졌습니다.

동생들이 함께해준 덕분에, 제 생일은 외로움 대신 행복과 감사로 가득 채워졌습니다. 집으로 돌아와서도 우리의 이야기는 끝없이 이어졌고, 옛이야기에 웃고 떠들며 해가 가는 줄도 몰랐습니다. 참으로 감사한 하루였습니다.

어쩌다 어르신

며칠 전, 뜻밖의 전화를 받았습니다. 이웃 동네 우체국장님이신데, 아르바이트할 생각이 있느냐고 물으셨습니다. 하루 3시간, 우편물을 접수하고 업무를 돕는 일이라고 했습니다.

그 전화가 얼마나 반가웠는지 모릅니다. 은퇴 후, 하루 서너 시간쯤 할 수 있는 소일거리가 있으면 좋겠다고 막연히 생각해왔기 때문입니다. 규칙적인 생활, 새로운 사람들, 일하는 즐거움에 용돈까지. 제게는 더할 나위 없이 좋은 기회였습니다. 저는 망설임 없이 하겠다고 답했습니다.

며칠 뒤 면접을 보러 갔습니다. 한글 타자 속도를 측정하는 간단한 시험이었는데, 낯선 키보드 앞에서 잔뜩 긴장한 탓인지 손가락이 자꾸 헛나갔습니다. 40년간 아이들을 가르쳤는데, 고작 타자 시험에 쩔쩔매는 제 모습에 자존심이 상하고 얼굴이 화끈거렸습니다. 다행히 합격 소식을 들었지만, 마음 한구석은 개운치 않았습니다.

다음 날, 서류를 챙겨 제출하러 가는데, 주소가 우체국이 아닌 '노인종합복지회관'이었습니다. 순간 당황했습니다. '아, 이게 나라에서

지원하는 노인 일자리 사업이었구나.' 어렴풋이 짐작은 했지만, 막상 '노인'이라는 단어와 마주하니 기분이 묘했습니다. 내가, 노인이라고? 믿고 싶지 않은 마음과 별개로, 제 발은 이미 복지회관을 향해 걷고 있었습니다.

사무실 문을 열자, 대여섯 명의 직원들이 일제히 저를 보며 맞아주었습니다.

"어르신, 어떻게 오셨나요?"

'어르신?' 제 인생에서 처음 들어보는 호칭이었습니다. 40년을 넘게 '선생님'으로 불리던 제 귀에 그 단어는 무척이나 낯설고 어색하게 박혔습니다. 서류를 받아 든 직원은 연신 저를 '어르신'이라 부르며 다른 자격증은 없는지, 며칠 뒤 근로계약서를 쓰러 한 번 더 와야 하는지 등을 친절히 설명해주었습니다.

저는 "네, 네." 하고 대답했지만, 머릿속은 온통 '어르신'이라는 단어로 가득 차 혼란스러웠습니다. 나는 아직 배우고 싶은 것도, 하고 싶은 것도 많은데. 아이처럼 놀고 일하며 살고 있는데, 어쩌다 어르신이 되었을까. 어쩌면 이 호칭은 이제부터 생각도, 행동도, 삶의 태도도 그 이름에 걸맞게 중후하고 점잖게 살라는 신호일지도 모르겠습니다. 그래, 이제는 그렇게 살아야 할 때가 되었다는 뜻이겠지, 하고 애써 마음을 다독여보았습니다. 하지만 속마음은 차라리 '정혜순 님' 하고 이름을 불러주면 좋겠다고 외치고 있었습니다.

집으로 돌아오는 길, 문득 이 일자리를 연결해주신 우체국장님께 깊은 감사의 마음이 들었습니다. 그분의 전화 한 통이 아니었다면, 저는 이런 기회도, 이런 성찰의 순간도 얻지 못했을 겁니다.

어쩌다 보니 '어르신'이 되었습니다. 피할 수 없다면, 이 또한 새로운 인연이라 생각하기로 했습니다. '어르신'이라는 이름의 털실로 내 남은 인생을 아름답게 뜨개질해 나가는 것. 그것이 지금의 제가 해야 할 일이 아닐까, 조심스럽게 생각해 봅니다.

우리의 마지막 풍경

논의 벼들이 고개를 숙이고, 엄마의 텃밭에는 누런 늙은 호박이 세월의 무게처럼 뒹굽니다. 그 풍경을 보니, 4년 넘게 요양병원에 계신 어머니가 사무치게 그립습니다. 1년 넘게 얼굴도 제대로 뵙지 못하고, 이제는 비접촉 면회마저 막혀버린 상황. 얼마나 애타게 우리를 기다리실까 생각하면, 죄송하고 안타까운 마음을 이루 다 말할 수가 없습니다.

내가 할 수 있는 일은 고작 필요한 물품과 드시고 싶은 음식을 사서 병원에 보내드리는 것뿐입니다. 그것마저도 멀리 산다는 핑계로 가까이 사는 아들에게 미루기 일쑤니, 죄스러운 마음만 쌓여갑니다.

문득, 몇 해 전 돌아가신 시어머님께서 병상에서 하시던 말씀이 떠오릅니다.

"이 병원에 들어오면 박사건 무학이건, 재산이 많건 적건, 세상에서 아무리 높은 자리에 있었건 다 똑같다. 여기서는 안부 전화 자주 오고, 자식들이 먹을 거라도 자주 들여보내는 사람이 제일 부러움 받고 대우 받는 사람이여."

병원에서의 상류층은 그렇게 정해지고, 받은 것을 다른 환자나 의료진에게 나누어 주는 사람이 진짜 부자라고 하셨습니다.

코로나가 터지기 전, 엄마를 뵈러 병원에 다녔을 때 그 말씀의 의미를 눈으로 보았습니다. 어떤 환자는 자식들이 매일같이 찾아와 살뜰히 보살피는 반면, 왕년에 고위직에 있었다는 어느 분의 병실은 늘 텅 비어 있었습니다. 과거의 직함이나 영광은 낡은 환자복 앞에서 아무 소용이 없었습니다.

그 모습을 보며 깨달았습니다. 결국 우리의 마지막 풍경을 채우는 것은 지나온 경력이 아니라, 지금 나누는 온기라는 것을요. 바로 지금, 가족과 웃고 친구에게 안부를 묻고, 기쁨과 슬픔의 자리를 함께 지키는 일들이야말로 황혼을 풍요롭게 만드는 유일한 재산일 겁니다. 그것은 계산이나 잔머리가 아닌, 오직 진심으로만 쌓을 수 있는 것이겠지요.

이런 사실을 알면서도, 저는 코로나라는 거대한 벽 앞에서 무력합니다. 결혼식장에도, 장례식장에도 마음 편히 가지 못하고, 엄마의 병원 가는 길은 아예 막혀버렸습니다.

엄마는 이 순간에도 얼마나 우리를 기다리고 계실까요. 세상에서 가장 부러운 사람이 되지 못하게 해드리는 것 같아, 오늘도 마음이 무너집니다.

나를 향한 하나님의 마음

새벽 다섯 시, 여느 때처럼 말씀으로 하루를 엽니다. 매일 한 장씩 신약을 지나, 어느새 구약 민수기 6장에 이르렀습니다. 오늘 저는 그곳에서 '나실인'을 만났습니다. 세상의 쾌락과 욕망으로부터 스스로를 구별한 자, 그 거룩한 부르심 앞에서 하나님의 마음을 보았습니다.

나실인, 그 이름은 '성별된 자', '구별된 자'를 뜻합니다. 나실인이 되는 길은 세 가지가 있었습니다. 스스로 기간을 정해 몸과 마음을 온전히 드리는 경우, 한나처럼 부모가 자식을 하나님께 바치는 경우(사무엘), 그리고 하나님께서 친히 지명하시는 경우(세례요한)입니다.

구별된 나실인에게는 지켜야 할 세 가지 규례가 있었습니다.

첫째, 포도나무에서 난 것은 씨나 껍질조차 입에 대지 말아야 했습니다. 세상의 즐거움과 욕망을 상징하는 포도를 멀리함으로, 오직 하나님 안에서만 참된 기쁨을 누리겠다는 다짐이었습니다.

둘째, 머리에 삭도를 대지 않았습니다. 머리카락은 삶의 영광이요 면류관이기에, 그 모든 영광을 온전히 하나님께만 돌려드린다는 신앙의 고백이었습니다. 우리는 삼손을 떠올립니다. 하나님께서 주신 힘의 근원이 머리카락에 있었건만, 그는 그 비밀을 지키지 못했습니다. 한 여인에게 마음을 내어준 대가는 혹독했습니다. 두 눈이 뽑히고 맷돌을 돌리는 신세가 되었지만, 그는 마지막 순간에야 비로소 깨닫고 부르짖었습니다.

"하나님, 저에게 마지막으로 한 번만 더 힘을 주십시오. 살아서보다 죽어서 더 크게 당신의 영광을 드러내길 원합니다."

그의 마지막 기도는 응답받고, 죽음으로 더 많은 적을 물리쳤습니다. 불완전했지만, 그의 삶은 나실인의 의미를 처절하게 보여줍니다.

셋째, 시체를 가까이하지 말아야 했습니다. 부모 형제가 죽었을 때라도 몸을 더럽힐 수 없었습니다. 죄의 삯은 사망이기에, 죄의 그림자 근처에도 가지 말라는 하나님의 단호한 명령이었습니다. 혹여 부지중에 더럽혀졌을 때는, 모든 것을 처음부터 다시 시작해야 할 만큼 그 법은 엄격했습니다. 죄로부터 우리를 얼마나 철저히 분리하기를 원하시는지, 그 마음이 느껴져 숙연해졌습니다.

말씀을 묵상하며 오늘 우리의 모습을 돌아봅니다. 우리는 너무도 많은 것을 누리며 삽니다. 때로는 방종에 가까운 자유 속에서, 하나님께서 왜 '하지 말라'고 하셨는지 그 이유를 잊은 채 살아갑니다. '내 인생은 왜 이리 꼬이고 어려울까?' 답답했던 순간들이 실은 세상의 쾌락에, 죄의 유혹에 발을 들인 채 다른 길로 가고 있었기 때문은 아니었을까요. 오늘, 우리는 다시 이 시대의 나실인으로 부름받고 있음을 깨닫습니다.

그리고 바로 그 장의 끝에서, 저는 이스라엘 백성을 향한 하나님의 마음을 읽고 끝내 눈물을 터뜨렸습니다. 그것은 서슬 퍼런 규례를 넘어선, 아버지의 따뜻한 축복이었습니다.

여호와는 네게 복을 주시고 너를 지키시기를 원하며, 여호와는 그의 얼굴을 네게 비추사 은혜 베푸시기를 원하며, 여호와는 그 얼굴을 네게로 향하여 드사 평강 주시기를 원하노라 (민수기 6:24-26)

아, 이것이 나를 향한 하나님의 마음이었습니다. 근심하고 힘겨워했던 나의 문제들이 기적처럼 풀리고, 마음에 잔잔한 평화가 깃들기 시작한 것이 바로 이 축복의 성취였음을 믿게 되었습니다.

하나님은 우리에게 복 주시길 원하십니다. 당신의 빛나는 얼굴로 우리를 비추고, 그 어떤 상황에서도 우리를 굳건히 지키며, 세상이 줄 수 없는 평강을 주기 원하십니다. 이 마음을 알게 하시니, 어찌 감사하지 않을 수 있을까요. 이 글은 그 벅찬 사랑과 감사에 대한 저의 작은 고백입니다.

숨이 멈추는 날 남는 것은

고요한 아침, 창밖으로 스미는 햇살에 막 잠이 깨려던 참이었습니다. 그때, 휴대폰이 '카톡' 하고 짧게 울렸습니다. 초등학교 동무이자, 제가 마음 깊이 존경했던 선생님의 아들, 철이 친구였습니다. 이른 아침에 도착한 그의 글은, 옅은 안개가 낀 제 마음에 등불 하나를 켜주는 듯했습니다.

그가 보내준 글은 '그 청년 바보 의사'에 관한 이야기였습니다. 서른 셋, 예수님과 같은 나이에 하늘의 부름을 받은 안수현이라는 군의관의 삶. 그의 진짜 이야기는 역설적이게도 그의 죽음으로부터 시작되었다고 합니다.

한경직 목사님 이후 가장 많은 조문객이 찾았다는 그의 장례식. 서로 가 서로를 모르지만, 모두가 한 사람을 향한 그리움으로 모인 자리.

사람들은 수군거렸습니다. '젊은 의사의 죽음에 어째서 이리 많은 이들이 애통해하는가?'

그 물음에 대한 답은, 영정 앞에서 눈물로 고백하는 이들의 이야기 속에 있었습니다.

병원 앞에서 구두를 닦던 할아버지는 흐느꼈습니다. "이 젊은 양반은 구두 닦을 일도 없으면서 일부러 내 앞에 와 앉았어. 괜히 구두를 맡기고는 돈을 더 쥐여주며 내 손을 꼭 잡았지. '할아버지, 식사는 하셨어요? 추운데 감기 조심하셔요. 외로우시면 하나님 한번 믿어보세요. 할아버지를 정말 사랑하신대요.' 그렇게 나를 위해 기도해주던 따뜻한 청년이었어."

글을 읽는 제 눈시울도 뜨거워졌습니다. 우리는 얼마나 자주 목적 없이 누군가에게 다가가 손을 내밀었던가요.

세탁 카트를 끌던 아주머니의 오열도 이어졌습니다. "병원에서 나 같은 사람한테 먼저 말을 걸어준 건 그 의사 선생님뿐이었어요. 늘 걸음을 멈추고는 '아주머니, 얼굴이 안 좋으세요. 어디 아프신 거 아니죠?' 하며 약을 챙겨주고, 하나님의 사랑을 전해주었죠."

그의 '바보' 같은 행적은 끝이 없었습니다. 가난한 꼬마 환자와 한 퇴원 선물을 약속을 지키기 위해, 수소문 끝에 먼 지방의 집까지 찾아갔던 바보. 동료 의사들의 파업 때, 환자 곁을 떠날 수 없다며 따돌림을 자처했던 바보.

그의 이메일 끝에는 늘 '예수님의 스티그마(흔적), 안수현'이라는 서명이 남겨져 있었다고 합니다. 그는 삶으로 그 흔적을 증명해 보이고 싶었던 것입니다.

그의 삶은 짧았지만, 그가 남긴 흔적은 지금도 수많은 사람들의 가슴에 남아 소리 없이 세상을 바꾸고 있습니다.

친구의 글을 따라 읽으며 생각에 잠깁니다. 인생의 마지막 순간, 숨이 멈추고 심장의 고동이 멎는 그 순간에 남는 것은 무엇일까. 얼마나 오래 살았는지가 아니라 어떻게 살았는지, 어떤 향기를 남기고 떠났는지가 그 사람의 삶의 무게를 말해줄 것입니다.

이어지는 친구의 글귀는 늙어가는 우리에게 건네는 다정한 위로 같았습니다.

분노를 다스리고, 작은 것에 만족하며, 자연을 사랑하라. 네 몸을 학대하지 말고, 좋은 벗을 곁에 두라.

푸른 잎도 언젠가는 낙엽이 되고, 고운 꽃도 속절없이 지는 것이 세상의 이치. 영원한 것은 없기에, 이 유한한 인생길을 함께 걸어갈 친구가 있다는 것이 얼마나 큰 행복인지 새삼 깨닫습니다.

이별이 잦아지는 쓸쓸한 길 위에서 서로의 안부를 묻고 등을 토닥여주는 동행. 그것이야말로 메마른 삶에 생기를 불어넣는 활력이겠지요.

친구가 보내준 시 한 편이 가슴에 와 박힙니다.

꽃잎 떨어져 '바람인가' 했더니 세월이더라.
창밖 바람 서늘해 '가을인가' 했더니 그리움이더라.
그리움, 이 녀석을 '와락 안았더니' 눈물이더라.
세월 안고 눈물 흘렸더니
아~ 빛나는 사랑이더라.

짧은 시구에 한평생이 담겨 있네요. 무심한 세월의 흐름과 문득 찾아드는 그리움, 그 끝에 맺히는 눈물, 그리고 그 모든 것을 감싸 안는 눈부신 사랑까지.

좋은 친구가 보내준 글 덕분에 마음이 훈훈해지는 아침입니다. '바보 의사' 안수현이 그랬던 것처럼, 거창한 무언가가 아니더라도 좋습니다.
숨이 멈추는 날, 저 또한 누군가의 마음에 따뜻한 '사랑의 흔적' 하나 남길 수 있기를. 오늘 하루, 제 곁의 사람들에게 좀 더 따뜻한 눈길과 다정한 말 한마디를 건네야겠습니다. 그것이 제가 남길 수 있는 가장 진실한 흔적일 테니까요.

9월의 첫날, 그 풍성함에 대하여

밤새 비가 내렸습니다. 여름의 마지막 기세등등하던 열기를 잠재우고, 이제 곧 시작될 겨울을 향한 긴 여정의 서막을 알리듯, 세상은 밤새도록 빗소리에 젖었습니다.

아침이 되자 굵은 빗줄기는 잦아들고, 처마 끝에 매달린 빗방울들이 '뚝, 뚝' 하고 노래를 시작합니다. 제가 이 집에서 태어나고 자라며 수없이 들었던 그 소리. 어릴 때나 지금이나 한결같이 정겨운 이 리듬은, 마치 오랜 친구의 나지막한 속삭임 같습니다.

오늘 하늘은 비 온 뒤의 약속처럼 눈부시게 청명할 것입니다. 밤새 내린 비가 세상의 먼지와 함께 제 마음의 근심 한 자락도 씻어 내렸는지, 창밖으로 보이는 하늘처럼 마음도 한결 가벼워집니다.

오늘은 축복 같은 9월의 첫날. 비가 그치자마자 기다렸다는 듯, 귀뚜라미와 풀벌레들이 일제히 합창을 시작합니다. 가을이 문턱에 섰음을 알리는 그들의 노랫소리. 가슴 시리도록 높고 파란 하늘 아래, 오곡백과가 알알이 영글어갈 풍성한 들녘과 울긋불긋 고운 옷으로 갈아입을 산의 모습이 벌써 눈앞에 그려집니다. 풀벌레 소리는 그 설렘을 한가득

제 가슴에 미리 배달해 준 모양입니다.

그때, 제 오랜 친구 고양이 '귀요미'가 빨갛게 익은 산딸나무 열매 하나를 입에 물고 와 제 발치에 툭 내려놓습니다. '자, 가을이야.' 제 딴에는 가장 근사한 방법으로 가을의 첫인사를 건넨 것이겠지요.

잠시 후, 이번에는 귀뚜라미 한 마리를 사냥해 와서는 장난을 칩니다. 먹지는 않으면서, 달아나려 하면 앞발로 툭, 다시 뛰려 하면 또 툭. 저는 그 작은 생명을 귀요미 몰래 살며시 손에 옮겨 밖으로 날려 보냈습니다. 이제 막 시작된 가을의 교향악을 연주할 소중한 악단 단원 하나를 잃을 수는 없으니까요.

아침 식사를 마치고 귀요미를 동물병원에 데려갈 채비를 합니다. 매달 첫날은 심장사상충과 외부 기생충 예방약을 바르는 날입니다. 창밖은 밤새 내린 비로 흥건합니다. 집 앞 개천은 성난 흙탕물을 쏟아내며 여느 때보다 훨씬 높은 수위로 빠르게 흘러갑니다. 다리 위에는 형광색 조끼를 입은 분들이 분주하게 움직이며 피해 상황을 카메라에 담고 있었습니다. 걱정했던 것보다는 큰 피해가 없어 보여 안도의 한숨을 내쉬었습니다.

동물병원에 들렀다가 곧장 수영장으로 향했습니다. 평소보다 한 시간 늦게 도착했으니 한산할 거라 생각했는데, 웬걸요. 건강이라는 가장 빛나는 멋을 아는 아주머니들로 수영장은 여전히 활기가 넘칩니다.

탈의실에서 옷을 갈아입는데, 옆에 있던 분이 툭 던지듯 말했습니다.

"어머, 어쩜 그렇게 발이 뽀얗고 예뻐요? 발이 참 곱네!"

순간, 심장이 쿵 내려앉았습니다. 너무나 오랜만에 들어보는 말이었습니다. 살아생전 남편이 제게 입버릇처럼 하던 말이었습니다.

"당신 발은 참 예뻐. 230밀리 자그마한 발에, 뼈 하나 튀어나온 곳 없고, 발가락도 어쩜 이리 가지런할까. 이 세상에서 우리 마누라 발이 제일 예쁜 발이야!"

발이 작으니 신발도 덩달아 작아 예뻐 보였겠지요. 제 신발을 보며 늘 흐뭇해하던 그의 얼굴이 떠올랐습니다.

발에 대한 일화는 또 있지요. 초임 발령지에서 일직을 서던 날, 퇴근하려는데 현관에 벗어둔 제 신발이 감쪽같이 사라졌던 일도 생각납니다. 한참을 찾아 헤맸는데, 주사님이 아이들 신발인 줄 알고 학생 신발장에 넣어두셨던 그 아찔하고 우스웠던 추억. 잊고 있던 기억들이 한꺼번에 밀려오자, 슬그머니 남편 생각에 울컥, 마음이 가라앉았습니다.

수영장에 들어서니 모두 물살을 가르느라 여념이 없습니다. 대부분 저보다 연배가 위인데도, 힘들이지 않고 미끄러지듯 나아가는 모습이 경이롭기까지 합니다. 자유형, 배영, 평영에 이어 드디어 오늘, 양팔과 양발로 물을 차는 접영을 배우는 날. 기대가 컸지만, 마음처럼 몸이 따라주지 않아 조급해집니다. 하지만 "그러다 어느 날 갑자기 몸이 물을

기억할 거예요"라는 강사님의 말을 믿고, 다시 한번 힘껏 물살을 헤쳐
봅니다.

수영을 마치고 나오니 온몸의 세포 하나하나가 깨어난 듯 개운합니
다. 집으로 돌아오는 길, 차창 밖으로 펼쳐진 논의 벼 이삭들이 밤새
내린 비의 흔적인 양 물방울을 영롱하게 매달고 서 있습니다. 저 푸른
이삭들이 이제 따사로운 가을볕을 자양분 삼아 묵직하게 살을 찌우고,
이내 겸손하게 고개를 숙이겠지요.
길가 어느 시골집, 백일홍과 칸나, 나팔꽃이 만발한 모습에 차를
세웠습니다. 어제 보고 감탄했던 주먹만 한 나팔꽃을 사진에 담으려
벼르고 왔는데, 아뿔싸. 거센 비바람에 상처를 입었는지 고개를 푹 숙
인 채 힘이 없습니다. 노랑과 주홍빛 칸나는 오히려 물기를 머금어
더욱 짙은 빛으로 의연하게 서 있고, 저물어가는 백일홍 몇 송이가
마지막 미소를 보내듯 싱그럽습니다. 저는 칸나와 백일홍의 그 꿋꿋한
모습을 사진에 담았습니다.

그때, 길옆 도랑에서 '파다닥!' 요란한 소리가 나서 돌아보니 미꾸라
지 한 마리가 저를 보고 놀라 꽁무니를 뺍니다. 요즘은 보기 드문 반가
운 옛 친구입니다. 어린 시절 비 온 뒤, 마당과 고구마밭 고랑까지 올라
와 있던 미꾸라지들을 잡던 기억이 생생하게 떠올라 미소가 지어집니다.
콩밭 가장자리에는 수수 이삭이 하늘을 향해 힘차게 뻗어 있습니다.

아직 여물지 않아 꼿꼿이 고개를 들고 있지만, 머지않아 알알이 살이 차올라 겸손하게 고개를 숙일 테지요. 그때가 되면 어김없이 참새 떼가 날아와 잔치를 벌일 것이고, 농부는 그들의 성화에 못 이겨 이삭마다 빨간 양파망을 씌워줄 것입니다. 그러면 수수밭은 마치 빨간 드레스를 입은 무희들이 바람의 손을 잡고 춤을 추는 무도회장처럼 변하겠지요.

그 옆 호박밭에는 미처 주인의 손길이 닿지 못해 늙어버린 누런 호박들이 여기저기 뒹굴고 있습니다. 단단하고 싱싱해 보이는 저 호박으로 즙을 내어 드리면 엄마가 얼마나 좋아하실까. 생각이 미치자마자 집으로 돌아가 늙은 호박 대여섯 통을 따왔습니다. 이제 맛있는 호박즙을 내려 엄마가 오시기를 기다리는 일만 남았습니다.

추석을 스무날 앞둔 9월의 첫날. 밥그릇만 한 황도 복숭아 한 알을 베어 무니, 새콤달콤한 가을의 정수가 입 안 가득 퍼져나갑니다.

아, 이토록 충만한 가을이라니!

내 인생에 가을이 오면

가을의 문턱에서, 지인이 보내준 영상 하나를 열었습니다. 가수 이동원의 '향수'가 애잔한 색소폰 선율로 흐르고, 그 위로 별을 노래하던 시인, 윤동주의 글이 자막으로 떠올랐습니다.

내 인생에 가을이 오면
윤동주

내 인생에 가을이 오면
나는 나에게 물어볼 이야기들이 있습니다.

내 인생에 가을이 오면
나는 나에게
사람들을 사랑했느냐고 물을 겁니다.
그때 가벼운 마음으로 말할 수 있도록
나는 지금 많은 사람들을 사랑하겠습니다.

내 인생에 가을이 오면

나는 나에게

열심히 살았느냐고 물을 겁니다.

그때 자신에게 말할 수 있도록

나는 지금 맞이하고 있는 하루하루를

최선을 다하여 살겠습니다.

내 인생에 가을이 오면

나는 나에게

사람들에게 상처를 준 일이 없었느냐고 물을 겁니다.

그때 자신 있게 말할 수 있도록

사람들을 상처 주는 말과 행동을 말아야 하겠습니다.

내 인생에 가을이 오면

나는 나에게

삶이 아름다웠느냐고 물을 겁니다.

그때 기쁘게 대답할 수 있도록

내 삶의 날들을

기쁨으로 아름답게 가꿔야겠습니다.

내 인생에 가을이 오면

나는 나에게

어떤 열매를 얼마만큼 맺었느냐고 물을 겁니다.

그때 나는 자랑스럽게 대답하기 위해

지금 나는 내 마음 밭에

좋은 생각의 씨를 뿌려 놓은

좋은 말과 좋은 행동의 열매를

부지런히 키워야 하겠습니다.

내 인생에 가을이 오면

후회 없는 삶을 위하여…

스물여덟, 인생의 봄 한가운데서 그는 자신의 가을을 묻고 있었습니다. 훗날의 자신에게 부끄럽지 않기 위해, 지금 이 순간 많은 사람을 사랑하고, 하루하루를 최선을 다해 살며, 누구에게도 상처 주지 않는 삶을 다짐하고 있었습니다. 아름다운 삶의 열매를 맺기 위해 좋은 생각의 씨앗을 부지런히 키우겠노라고.

그는 인생의 가을을 맞이하기도 전에 스러져 간 별이 되었지만, 그의 삶 자체가 가장 찬란한 열매였음을 우리는 압니다. 짧은 생애를 통해 후회 없는 삶이란 무엇인지를 온몸으로 증명해 보인 그의 숭고한 삶의 무게 앞에, 다시 한번 고개가 숙여졌습니다.

시인의 빛나는 삶 앞에, 문득 내 인생의 가을은 어떤 모습일까, 부끄러운 마음으로 되돌아보게 됩니다.

무엇 하나 스스로 결정하기보다 부모님 말씀에 순종하는 것이 착한 딸의 도리라 믿었던 철모르던 어린 시절. 가슴에 꿈을 품었으나 그 꿈을 어떻게 키워야 할지 몰라 막막했던 사춘기. 뚜렷한 목표 없이 방황의 시간을 보냈던 대학 시절.

결혼 후에는 돛을 올린 배처럼 희망차게 출발했지만, 인생의 바다는 순풍만을 허락하지 않았습니다. 세파의 거친 풍랑에 무던히도 시달렸고, 하나의 목표를 향해 함께 노를 젓기 어려웠던 시간들. 거친 파도 위를 홀로 항해하듯 버텨온 시간들 끝에, 사랑하는 남편마저 먼저 하늘의 부름을 받았습니다.

그리고 맞이한 지금, 내 인생의 가을. 돌아보니 빈손인 것만 같아 마음이 서글퍼집니다.

하지만 모든 것을 이루지 못했다는 부끄러움 끝에서, 작은 희망 하나를 건져 올립니다. '늦었다고 생각하는 지금이 가장 빠른 때'라는 흔한 위로보다, 늦가을 밭에 김장 배추와 무를 심는 농부의 마음이 더 절실하게 와 닿습니다. 겨울이 오기 전, 마지막 추수를 위해 씨앗을 심는 그 마음으로.

네, 제 인생에도 가을이 왔습니다. 이제는 더이상 지나간 날들을 후회하며 주저앉아 있지 않으렵니다.

윤동주 시인이 그랬던 것처럼, 훗날 내 삶의 마지막 페이지에서 스스로에게 물을 때, 떳떳하게 대답할 수 있도록. '사람들을 진심으로 사랑했노라', '주어진 하루하루를 감사하며 최선을 다했노라', '내 삶은 충분히 아름다웠노라'고.

하나님께서 선물로 주신 오늘이라는 밭에, 다시 사랑과 감사의 씨앗을 심습니다.

더이상 후회 없는 삶의 열매를 위하여.

험한 세상에 다리가 되어

가을의 문턱에서, 함께 근무하던 모 교장 선생님으로부터 두 편의 영상이 담긴 글 한 편을 받았습니다. 아마 내가 홀로 지내는 시간을 헤아려, 제 수필집을 읽고 보내주신 따뜻한 마음일 테지요. 글도 좋았지만, 함께 보내주신 두 편의 영상은 제 가슴을 송두리째 흔들어 놓았습니다.

첫 번째 영상은 로봇 다리를 한 열여섯 살 수영선수, 김세진 군의 이야기였습니다. '험한 세상에 다리가 되겠습니다.'라는 제목만으로도 가슴이 벅차올랐습니다.

세진 군은 태어날 때부터 두 다리가 없었고, 한쪽 손마저 온전치 못했습니다. 그가 의지하는 로봇 다리의 가격은 2천만 원이 넘고, 지금까지 들어간 돈만 1억 원이 훌쩍 넘는다고 합니다. 그는 담담하게 물었습니다.

"제 다리가 이 정도 가치라면, 저보다 훨씬 좋은 진짜 다리를 가지신 여러분의 가치는 얼마나 될까요? 적어도 1억 이상은 이미 벌고 시작하신 것 아닐까요?"

그 한마디에 머리를 한 대 맞은 듯 정신이 번쩍 들었습니다.

그는 가슴으로 자신을 낳아준 어머니와의 첫 만남을 이야기했습니다. 아기 집에 자원봉사를 왔던 어머니는 수많은 아이 중에서도 유독 자신에게 첫눈에 반했다고. 하지만 세상의 눈은 따뜻하지 않았습니다. 말을 배우기도 전부터 들어야 했던 잔인한 속삭임들.

"쟤 좀 봐, 거짓말하고 말 안 들어서 다리도 없이 피노키오처럼 태어났대."

그는 매일 밤 울며 기도했다고 합니다. 이제 거짓말 안 하고 착하게 살 테니, 제발 사람이 되게 해달라고. 바닥에 붙어서 살아야 했던 아이에게 세상은 너무나 높고, 무섭고, 외로운 곳이었습니다.

그러던 어느 날, 어머니는 아들을 업고 다니며 약속했습니다.

"세진아, 엄마가 너를 반드시 걷게 해줄게."

그 말을 듣는 순간, '아, 나도 걸을 수 있구나!' 하는 희망이 싹텄지만, 그 희망은 곧 죽음의 문턱과도 같은 고통의 시작이었습니다. 네 살배기 어린 나이부터 여섯 번에 걸친 뼈를 깎는 수술. 걷고 싶다는 간절한 의지 하나로 그 끔찍한 고통을 모두 이겨냈습니다.

수술 후 처음 의족을 딛고 섰을 때, 온몸을 찌르는 아픔 속에서도 잠깐 스치듯 본 세상은 너무나 멋졌다고 합니다. 그 멋진 세상을 다시 보기 위해, 그는 이를 악물고 참고 또 일어섰습니다. 몇 초가 몇 분이 되고, 몇 분이 몇 시간이 되어 마침내 우리 앞에 설 수 있게 된 것입니다.

멀쩡한 두 다리를 가지고도 세상의 아름다움을 당연하게 여기며 살아온 제 모습이 한없이 부끄럽고 죄송해졌습니다.

하지만 세진 군에게 가장 잊히지 않는 기억은 '넘어지는 연습'이었습니다. 어머니는 거실에 이불을 깔아두고 매일같이 그를 넘어뜨렸다고 합니다. 언제 어디서 넘어질지 모른다는 두려움에 매일 울면서도 연습을 계속했고, 6개월이 지나서야 그 이유를 깨달았습니다.

"세진아, 걷는 건 중요하지 않아. 네가 걷다가 넘어졌을 때, 다시 일어날 줄 아는 것이 중요해. 혹시 혼자 일어나지 못할 때, 누군가에게 손 내밀 줄 아는 것도 정말 용기 있는 거란다."

네 살 아들에게 삶의 가장 위대한 지혜를 가르친 어머니. 자식을 위해 독한 마음을 먹고, 지극한 사랑을 실천한 그 어머니는 진정 위대했습니다.

저는 제 자신을 돌아보았습니다. 아이들에게 나는 어떤 엄마였을까. 여러모로 부족했던 모습에 미안한 마음이 밀려왔습니다.

세진 군은 열한 살에 4km 마라톤을 완주하고, 상금으로 받은 4천만 원짜리 리프트 차량을 주저 없이 기증했습니다.

"갖는다는 것은 가져서 행복한 것이 아니라, 나눌 수 있는 기회가 생겨서 행복한 것입니다."

어찌 이 어린 청년의 입에서 이토록 깊은 깨달음이 나올 수 있을까요. 부족한 육체를 가졌지만, 그의 마음은 세상 누구보다 부유했습니다.

어머니는 재활 치료로 시작한 수영을 통해 아들에게 꿈과 목표를 선물했습니다. 단순히 금메달을 따는 선수가 아니라, 자신처럼 아픈 친구들에게 희망을 주는 전도사, 더 나아가 세계 속에 희망을 나누는 대한민국의 대표가 되라는 꿈. 그는 7년간 150개의 메달을 땄고, 그중 120개가 금메달이었습니다.

그의 꿈은 한 시상식에서 더욱 단단해졌습니다. 해외 시합에서 금메달 3개를 땄지만, 시상대에는 일장기와 독일기만 올라갈 뿐, 태극기는 없었습니다. 주최 측은

"한국이라는 작은 나라에서 엄마와 아들 단둘이 와서 그렇게 많은 메달을 딸 줄 몰라 준비하지 못했다"

는 황당한 변명을 늘어놓았습니다. 시상대에서 울고 있는 아들 등 뒤로, 어머니는 스케치북에 직접 태극기를 그려 들고 애국가를 불러주었습니다.

그는 그날 결심했습니다. 훗날 IOC 위원이 되어, 힘든 세상을 살아가는 아이들에게 무지개 같은 다리가 되어주겠다고.

"어떻게 생겼는지는 중요하지 않아. 어떻게 살아갈지가 중요해.

어디로, 누구와 함께 갈 것인지가 더 중요하단다."

어머니의 이 가르침은 세진 군의 삶 전체를 관통하는 철학이 되었습니다.

이어진 영상에서는 '나는 나쁜 엄마입니다'라는 제목으로 세진이 어머니의 이야기가 시작되었습니다.

어릴 적 어머니를 여의고, '국모(國母)'가 되는 것이 꿈이었던 소녀. 그의 아버지는 말씀하셨습니다.

"얘야, 국모란 대한민국을 대표하는 사람, 그리고 그런 자식을 키운 사람이란다. 너는 좋은 국모가 될 수 있을 거야."

부정 대신 긍정으로 딸의 꿈을 지지해준 아버지 또한 참으로 훌륭한 분이셨습니다.

그녀는 아버지의 가르침대로 남을 위해 살고자 딸을 업고 보육 시설에 봉사하러 갔다가 세진이를 만났습니다. 없는 것보다 있는 것이 더 많이 보였던 아이. 그녀의 여덟 살 난 딸이 말했습니다.

"엄마, 나는 8년 동안 엄마 사랑받았잖아. 이 아이, 8년만 사랑해주면 안 돼? 내가 양보할게. 이 아이는 우리가 아니면 아무도 안 데려갈 것 같아."

한 가족의 위대한 사랑은 그렇게 시작되었습니다. 어머니는 새벽엔 건설현장 청소부로, 낮에는 백화점 직원으로, 밤에는 대리운전 기사로 일하며 잠을 쪼갰습니다. 남편 없이 아이들을 먹여 살리고, 다리 없는 아들을 세상에 세워야 했습니다.

그녀의 눈물겨운 희생과, 누나의 지극한 사랑 속에서 세진 군은 9살에 5km를 완주하고, 3,870m의 록키산을 등반했으며, 만 15세에 성균관대학교에 성적 장학생으로 입학했습니다. 그리고 마침내 UN에 초청받아 태극기를 달고 당당히 자신의 이야기를 전했습니다.

생계를 위해 아이들에게 더 잘해주지 못해 '나쁜 엄마'라 자책했지만, 그녀는 이 나라를 대표하는 아들을 키워내며 아버지의 말씀처럼, 그리고 자신의 꿈처럼, 가장 자랑스러운 '국모'가 되었습니다.

험한 세상에 다리가 되어주겠다던 아들과, 그런 아들을 위해 자신의 삶을 온전히 다리로 내어준 어머니. 그 위대한 모자(母子)의 이야기는, 오늘을 살아가는 나에게 묻고 있습니다.

당신은 오늘, 누구를 위한 다리가 되어주고 있느냐고.

잃어버린 시간들

대학 시절, 풋풋한 열정으로 함께했던 교회 웨슬레회의 안 선생님으로부터 카톡 메시지 하나가 도착했습니다. '잃어버린 시간들'이라는 제목의 글이었습니다.

동이 트기 전, 캄캄한 어둠이 내려앉은 강가. 60대 중반의 한 사내가 그곳을 걷고 있었습니다. 그때, 어둠 속에서 희미한 그림자 하나가 다가왔습니다. 90은 족히 넘어 보이는 백발의 노인이었습니다. 어깨에 멘 무거운 가방이 힘에 부치는지, 금방이라도 쓰러질 듯 위태롭게 걸어오던 노인이 말을 건넸습니다.

"여보시오. 이 가방에는 내가 평생을 바쳐 모은 돌멩이들이 들어있소. 그런데 이제 죽을 날도 머지않았고, 이 짐이 너무나 무겁구려. 이제 와 보니 다 부질없는 짓이었소. 허나, 차마 내 손으로 버리지는 못하겠으니, 당신이라도 가져가 주시오."

노인은 가방을 건네주고는 다시 어둠 속으로 총총히 사라졌습니다.

호기심에 가방을 열어보니, 과연 볼품없는 돌멩이들만 가득했습니다.

'이런 걸 왜 모았을까.' 사내는 심심하던 차에 가방 속 돌멩이를 하나씩 꺼내 강물을 향해 힘껏 던지기 시작했습니다. 어둠 속에서 '첨벙!' 하고 울리는 물소리를 즐기며, 그는 계속해서 돌을 던졌습니다.

드디어 마지막 한 개가 손에 남았습니다. 무심코 그것마저 던지려던 순간, 사내는 숨을 멈췄습니다. 동쪽 하늘에서 떠오르던 여명의 빛에, 그의 손에 들린 돌멩이가 영롱하게 반짝이고 있었기 때문입니다. 너무 놀라 자세히 들여다본 그의 눈이 절망으로 커졌습니다. 그것은 돌멩이가 아니라, 눈부신 다이아몬드 원석이었습니다.

조금 전까지 가방 속에 수십 개나 들어있던 그 보석들을, 그는 쓸모없는 돌덩이로 알고 모두 강물에 던져버렸던 것입니다. 마지막 남은 다이아몬드 한 개를 손에 쥔 채, 그는 가슴을 치고 머리를 쥐어뜯으며 넋을 잃고 서 있었습니다.

글을 읽다 멈추었습니다. 이것이 어찌 남의 이야기일까. 내게 찾아왔던 수많은 행복의 순간들, 감사의 시간들, 따뜻한 정을 나눌 수 있었던 그 귀한 시간들을, 나 또한 '세월'이라는 깊은 강물에 무심하게 던져버리며 살아오지는 않았는지.

제가 세월의 강물에 던져버린 가장 아깝고 눈부신 다이아몬드는, 먼저 떠나보낸 남편과 함께했던 시간이었습니다. 더 많이 사랑하고, 더 깊이 행복할 수 있었던 그 시간들을, 저는 미움과 원망이라는 돌멩이로 착각했습니다. 서로의 소중함을 알지 못한 채, 우리는 서로에게 가장 빛나는 보석을 상처 입히며 그렇게 흘려보냈습니다. 다시 주워 담을 수 없기에, 그 안타까움은 더욱 시리게 가슴을 파고듭니다.

아이들에게 미처 해주지 못하고 놓쳐버린 순간들도 아쉬운 보석들입니다. 그럼에도 이만큼 잘 자라 각자의 자리에서 제 몫을 다하는 사회의 주역이 되어 준 아이들이 고맙고, 그저 하나님께 감사할 따름입니다.

어쩌면 지금의 내 모습은 그 반대일지도 모릅니다. 지금 내가 다이아몬드라 믿고 손에 꽉 쥐고 있는 것들이, 실은 돌멩이는 아닌지. 글씨를 쓰고 글을 쓰는 일, 사진과 수영을 배우고 색소폰을 부는 일, 돈을 벌기 위해 애쓰는 이 모든 것들이 결국 헛되고 헛된 돌덩어리는 아닌지, 나는 매일 확인하는 중입니다.

추석을 일주일 앞둔 오늘, 저는 우체국에서 오후 한나절 동안 정신없이 아르바이트를 했습니다. 쏟아지는 선물 택배와 대학 원서, 각종 고지서와 등기우편물 더미 속에서 돈을 벌기 위해 분주했습니다. 하지만 손에 움켜쥔 이 돈이, 언젠가는 강물에 던져질 또 하나의 돌멩이일 수도 있음을 저는 압니다.

수많은 보석을 잃어버렸고, 지금 쥔 것마저 돌멩이일지 모른다는 혼란 속에서, 그러나 단 하나, 이것만은 확실합니다.

내 인생의 마지막 순간까지 결코 놓지 않을 나의 다이아몬드. 어떤

세월의 강물에도 던져버리지 않을 나의 영원한 보석. 하나님, 그분만은
꼭 손잡고 갈 것입니다.

멋진 축제, 아름다운 사람들

세상에는 참 많은 축제가 있습니다. 부여 궁남지의 연꽃 향연부터 천안의 흥겨운 춤사위, 공주 백제의 고고한 숨결까지. 저마다의 빛깔로 우리를 유혹하지만, 제게 아산의 은행나무 축제만큼 '멋진 축제'이자 '아름다운 사람들'의 이야기로 기억되는 곳은 없습니다.

2015년에 시작된 짧은 역사에도 불구하고, 사진 명소로 입소문이 나면서 전국의 발길이 끊이지 않는 곳. 재작년 가을, 저 또한 그 명성을 확인하고 싶어 파주에서 아산까지 2시간 반을 달려 곡교천에 도착했습니다.

차에서 내리는 순간, 탄성이 절로 터져 나왔습니다. 2.2km에 걸쳐 늘어선 350여 그루의 아름드리 은행나무가 세상을 온통 황금빛으로 물들이고 있었습니다. '한국의 아름다운 길 100선'이라는 명성이 결코 헛되지 않음을, 그 눈부신 풍광이 증명하고 있었습니다.

은행나무길 아래로 유유히 흐르는 곡교천 위에서는 백로들이 하얀 날갯짓으로 발레를 하듯 춤을 춥니다. '겉 희고 속 검은 이'라 누가 힐난했던가요. 제 눈에는 긴 목과 다리의 고고함으로 축제의 품격을 더하는 아름다운 무용수들로 보였습니다. 그 힘찬 날갯짓에, 힘든 삶에

지친 마음마저 위로를 받는 듯했습니다.

문득, 이 아름다운 길 어딘가를 건넜을 한 사람의 뒷모습이 떠올랐습니다. 충무공 이순신. 어머니의 시신마저 장사 지내지 못한 채, 인주 게바위에서 잠시 통곡하고는 무덤도 마련해 드리지 못한 채 백의종군의 길을 떠나야 했던 효자의 심정. 저 곡교천을 건너는 그의 가슴은 얼마나 미어졌을까요. 화려한 축제의 풍경 위로, 역사의 아픔이 아련하게 겹쳐졌습니다.

곡교천 위로는 드넓은 코스모스 정원이 동화처럼 펼쳐져 있었습니다. 여느 코스모스보다 훨씬 선명하고 다채로운 빛깔의 꽃들이 가을바람에 한들거리는 모습은 그 자체로 장관이었습니다. 꽃길 사이사이에서 '인생 사진'을 남기는 연인들과 가족들의 웃음소리가 끊이지 않았습니다. 저 또한 그 행복한 풍경의 일부가 되고 싶었지만, 사진작가인 친구에게 부탁하기로 마음먹고 발걸음을 옮겼습니다.

여러 개의 텐트 중 하나, 친구는 '한국디지털사진작가협회'의 이름으로 무료 봉사를 하느라 정신이 없었습니다. 사진을 찍어달라고 줄을 선 사람들 틈에서 차마 말을 건네지 못하고 있는데, 친구가 저를 발견하고는 벌떡 일어나 은행나무길로 이끌었습니다.
"자, 웃어봐!"

'찰칵, 찰칵!' 경쾌한 셔터 소리가 마치 저를 위한 환영 연주처럼 들렸습니다. 그날 아침, 저는 노란 은행잎과 어울릴 진노랑 점퍼에 잘 익은 감귤 빛 스카프를 두르고 한껏 멋을 내고 나섰더랬습니다. 친구의 카메라 앞에서 저는 세상 가장 행복한 사람이 되어 활짝 웃었습니다. 곧바로 인화된 사진 두 장. '2019 제5회 은행나무길 축제'라는 글씨가 선명한 종이 액자에 담긴 그날의 제 모습은, 지금도 제 책상과 수첩에 고이 간직되어 매일 저에게 그날의 행복을 속삭여줍니다.

 축제장은 온통 활기로 가득했습니다. 노란 은행잎을 닮은 아이들은 비눗방울을 날리며 뛰놀고, 젊은 연인들은 손을 맞잡고 사랑을 속삭입니다. 농사일에 검게 그을린 얼굴의 어르신들도 이날만큼은 시름을 잊고 축제를 즐기는 모습입니다. 공연장에서 울려 퍼지는 신명나는 난타 소리에 저절로 어깨가 들썩입니다. '아, 나도 저걸 배워서 누군가에게 즐거움을 나눠주고 싶다.'

 한참을 구경하다 보니 허기가 밀려왔습니다. 친구와 점심을 함께하고 싶었지만, 일에 충실한 친구를 방해할 수 없어 발길을 돌렸습니다. 축제장 입구의 포장마차. 혼자 서서 무언가를 먹는 것이 익숙지 않아 주저했지만, 배고픔을 이기지 못하고 풀빵 몇 개를 사 먹었습니다. 그리고 친구를 위해 한 봉지를 더 사 들고 갔습니다. 작은 정성이었지만, 배고플 친구를 생각하니 마음이 뿌듯했습니다.

다음으로 향한 곳은 국화전시회장. 들어서는 순간, 향긋한 국화 향이 온몸을 감쌌습니다. 형형색색의 국화들이 저마다의 자태를 뽐내며 가을의 절정을 노래하고 있었습니다. 한 송이 국화꽃을 피우기 위해 봄부터 울었을 소쩍새와 먹구름 속 천둥소리를 떠올리며, 서정주 시인의 '국화 옆에서'를 나직이 읊조렸습니다.

다양한 막걸리를 시식하는 곳에서는 아버지 생각이 났습니다. 생전에 술을 좋아하셨던 아버지와 함께 왔더라면 얼마나 좋았을까.
더덕 막걸리와 밤 막걸리 두 잔에 그리움이 섞여 목으로 넘어갔습니다.

이윽고 2시, 콘서트장으로 가 자리를 잡았습니다. 서울에서 온 한 가수가 부르는 '그리운 금강산'의 우렁찬 선율에 감탄하며 사진을 찍으려는데, 휴대폰이 없었습니다. 심장이 덜컥 내려앉았습니다. 카드와 신분증, 비상금 5만 원까지 들어있는 휴대폰이었습니다.
친구에게 달려가 전화를 걸었지만 받지 않았습니다. 아들에게 먼저 연락해 상황을 알렸습니다. (나중에 들으니, 아들은 아내에게 "여보, 우리 엄마 좀 찾아 줘!"라며 아이처럼 전화했다고 합니다.) 다시 친구가 전화를 걸자, 다행히 누군가 받았습니다. 풀빵을 샀던 그 포장마차였습니다.
가슴을 쓸어내리며 달려간 포장마차. 그곳의 젊은 아들이 제 휴대폰을 내밀었습니다. 안의 내용물은 모두 그대로였습니다. 너무나 고마워

5만 원을 꺼내 사례하려 했지만, 모자(母子)는 한사코 손을 저으며 거절했습니다. 저는 그 자리를 쉽게 떠나지 못하고 한참을 서성이다 돌아설 수밖에 없었습니다. 잃어버렸던 것은 전화기였지만 찾은 것은 전화기와 사람의 따뜻한 정도 함께 찾았습니다.

아산시는 우한 교민을 품으며 코로나19와 가장 먼저 싸움을 시작했고, 200년 만의 수해에도 자발적인 연대의식으로 위기를 극복해낸 도시입니다. 대가를 바라지 않는 자원봉사자들의 행렬, 서로를 위하는 그 아름다운 마음들이 있었기에 가능한 일이었습니다.

샛노란 은행잎과 오색 코스모스, 고고한 국화를 보며 생각합니다. 내 인생의 가을은 지금 어떤 빛으로 물들고 있는가. 포장마차의 그 아름다운 모자처럼, 어려움 속에서도 서로에게 기꺼이 다리가 되어준 아산 시민들처럼, 과연 나는 저들만큼 아름다운 빛을 발하며 살아가고 있는가.

그날의 축제는 제게 잊지 못할 질문 하나를 남겼습니다.

3장.
보이지 않는 곳에서 오는 온기

…내일은 다 함께 너꾸니산에 다시 올라야겠습니다.
하늘을 찌를 듯 자란 향나무를 단정하게 다듬어 드리고,
꽃을 유난히 좋아하셨던 어머니와 아버지, 그리고 할아버지
할머니 산소 앞에 고운 꽃들을 심어드려야겠습니다.

'어르신'이 되었다

석 달 전, 우체국장님으로부터 뜻밖의 전화 한 통을 받았습니다.

"선생님, 우체국에서 하루 세 시간 정도 우편 업무를 도와주실 분을 구하는데, 한번 해 보실 생각 있으세요?"

순간 망설여졌습니다. 일한다는 건 즐거운 일이지만, 이제 막 재미를 붙인 제 소소한 취미생활에 방해가 되지는 않을까, 혹여 잘 감당하지 못해 누를 끼치지는 않을까. 선뜻 대답하지 못하는 제게 국장님은 말을 이었습니다.

"이게 노인복지관에서 나온 어르신 일자리인데, 시골에서는 컴퓨터를 잘 다루는 어르신을 찾기가 어렵네요. 선생님은 잘하시잖아요? 제가 접수하겠습니다."

저를 기억하고 일부러 전화를 주신 그 마음이 너무나 고마워, 망설였던 것이 죄송해졌습니다. 수필집을 내고 독자들에게 보내느라 우체국을 드나든 것 외에는 특별한 인연도 없는데, 제 작은 책 한 권이 이토록 귀한 인연을 만들어 준 것입니다.

"예, 국장님. 전화 주셔서 정말 감사합니다. 저에게 딱 맞는 일인 것 같네요."

그렇게 저는 컴퓨터 워드 시험을 보고 5명 중 2명을 뽑는 자리에 덜컥 합격했습니다.

그리고 며칠 후, 노인회관에서 전화가 왔습니다. 젊은 여자 직원의 목소리였습니다.

"어르신, 내일 6시까지 주민등록 초본이랑 자격증 사본 좀 가져다 주시겠어요?"

'어르신…?'

순간, 머릿속이 하얘졌습니다. 이것은 분명 충격이었습니다. 평생을 '선생님'으로 불려왔고, 퇴직 후에도 모두가 저를 그렇게 불렀습니다. '어르신'이라는 호칭은 제 인생에서 단 한 번도 들어보지 못한, 너무나 낯설고 받아들이기 힘든 단어였습니다. '아직은 아닌데….' 마음속에서 저항감이 일었지만, 전화기 너머의 직원은 한결같이 저를 '어르신'이라 불렀습니다.

'어르신 말고 다른 적당한 호칭은 없을까?' 생각해 보았지만, 마땅한 말이 떠오르지 않았습니다. 전화를 끊고도 한동안 멍하니 앉아 있었습니다.

'아, 내가… 어르신이 되었구나.'

그 호칭을 온전히 받아들이기까지 며칠의 시간이 필요했습니다. 그리고 문득, 두려움이 밀려왔습니다.

'그렇다면 나의 말과 행동도 어르신다워야 할 텐데, 과연 나는 어르신다운 사람인가?'

자신이 없었습니다. 세상의 물질과 헛된 사랑을 붙잡으려 안달하고, 아이들을 키우고 가르치느라 숨 가쁘게 달려왔던 지난날들. 돌아보니 부끄러운 모습뿐이었습니다.

하지만 바로 그 순간, 새로운 다짐이 고개를 들었습니다. 이제부터라도 어르신답게, 아름다운 여생을 살아보자고.

그러고 보니, 노년이라는 인생길도 생각보다 멋지고 아름다운 길이었습니다. 누군가의 글처럼, 삶의 여정 중에서 마음을 비우며 살아가기에 가장 좋은 나이가 바로 지금이기 때문입니다.

욕심을 한 걸음 멀리서 남의 것처럼 바라볼 수 있어서 좋고, 제 첫 수필집의 제목처럼 '삶의 여백에 담은 온기'를 담아 따뜻함이 있어서 좋습니다. 시기와 질투가 떠난 자리에 사랑과 너그러움이 깃드니, 남의 잘못보다 잘한 것이 먼저 보여 좋습니다. 원망은 어느새 사라지고 감사한 마음이 샘솟으니 기쁩니다.

무엇을 먹을까, 무엇을 입을까 걱정하지 않고, 있는 대로 먹고 입어도 마음에 거리낌이 없습니다. 시간에 쫓기지 않고 산 넘어 흘러가는 흰 구름을 무심히 바라보는 여유가 생겼습니다. 행복은 마음으로 만들고 천국은 내 가슴에 있다는 것을 아는 나이가 되어 참 좋습니다.

정말 그렇습니다. 생각해 보니 '어르신'이 된 나의 인생길은, 잃어버린 것들보다 새로이 얻은 것들로 더욱 풍요로워지고 있었습니다. 무엇보다 세상의 탕자처럼 방황하던 제가, 이제는 하나님께서 늘 사랑으로 동행하심을 알게 되었으니 이 얼마나 감사한 일인지요.

어제 죽어간 이가 그토록 바라던 오늘. 이 하루를 선물로 받았으니, 그저 감사하며 아름답게 살아갈 따름입니다.

이제 저는 압니다.

나는, '어르신'인 것입니다.

따뜻한 이야기 두 편

오늘, 지인으로부터 온 카톡 메시지 하나가 쌀쌀한 가을바람에 웅크 렸던 마음을 따뜻하게 감싸주었습니다. 그 안에는 두 편의 이야기가 담겨 있었습니다.

1. 현관문 비밀번호가 같은 집의 행복

첫 번째는 어느 어머니의 이야기였습니다. 둘째 며느리 집에 갔다가, 현관문 비밀번호가 자신의 집과 똑같다는 사실을 알게 되었습니다. 알 고 보니, 바로 뒷동에 사는 큰아들네 집 비밀번호도 마찬가지였습니다.

'엄마가 언제든 편하게, 그냥 엄마 집에 드나들듯 오시라'는 아들 내외의 소리 없는 초대장이었습니다.

요즘처럼 외울 것 많은 세상, 헷갈리지 않게 하려는 배려이기도 하겠 지만, 그 사소한 사실 하나가 어머니의 마음을 그토록 든든하게 만들었 다고 합니다.

'김치 한 통을 가져다주려 해도 미리 연락하는 것이 현명한 시어머니'라는 씁쓸한 우스갯소리가 떠도는 세상입니다. 아파트 이름이 어려운 영어로 된 것이 시어머니가 못 찾아오게 하려는 속셈이라는, 마냥 웃어넘길 수만은 없는 농담도 있습니다.

그런 세상 속에서, 언제든 찾아와도 환영이라는 뜻으로 집 현관 비밀번호를 통일해 둔 두 아들네.

그 마음은 아들의 마음이기도 하지만, 무엇보다 두 며느리의 속 깊은 배려가 아니었을까요. 그 집을 찾아가지 않아도, 생각만으로도 마음이 따뜻해지고 편안해지는, 세상 가장 든든한 비밀번호 이야기였습니다.

저 또한 가까이 사는 자식들 집에 선뜻 나서기 망설여지는 것이 사실인데, 이 행복한 집의 이야기가 오늘 하루 제 마음에 따뜻한 온기를 불어넣어 주었습니다.

2. 사랑의 처방전

두 번째는 영국의 의사, 올리버 골드스미스에 관한 이야기였습니다.

어느 날, 초라한 행색의 부인이 병원을 찾아와 애원했습니다. 남편이 죽어가니 제발 살려달라고. 의사는 왕진 가방을 챙겨 들었지만, 부인은 돈이 한 푼도 없다며 고개를 숙였습니다.

"그게 무슨 대수라고요. 사람부터 살려야지요."

의사는 부인을 따라 허름한 집에 도착해 환자를 진찰하고는 안심시켰습니다. 그리고 병원으로 돌아와 부인에게 작은 상자 하나를 건넸습니다.

"이 안에 적힌 처방대로 하시면, 남편분은 금세 나을 겁니다."

부인이 집에 돌아와 상자를 열자, 그 안에는 약 대신 한 뭉치의 지폐와 작은 쪽지 하나가 들어있었습니다.

'처방전 - 남편분은 극도의 영양실조 상태입니다. 이 돈으로 뭐든 드시고 싶은 음식을 사 드리세요.'

부인은 감격의 눈물을 흘리며 오랫동안 그 '사랑의 처방전'을 들여다보았다고 합니다.

위대함은 과연 어디서 오는 걸까요. 그것은 평생을 변함없이 지켜온 자기 자신에 대한 성실함, 그리고 타인을 향한 따뜻한 마음에서 비롯되는 것이겠지요.

우리 마을의 어느 분은 치과에서 멀쩡한 이를 뽑고 임플란트를 하라는 권유를 받았다며 밤낮으로 투덜거리시던데, 골드스미스 의사의 이야기는 더욱 큰 울림으로 다가왔습니다.

세상은 각박하다 말하지만, 이처럼 보이지 않는 곳에서 여전히 사랑은 온기를 품고 살아 숨 쉬고 있었습니다.

두 편의 이야기를 읽고, 저는 제 자신에게 조용히 묻습니다.

나는 과연, 누군가의 언 마음을 녹여줄 따뜻한 사랑의 불씨로 살아가고 있는가?

두려움을 이기며 기다리자

코로나19 확진자가 사흘 연속 7천 명을 넘어서고, 누적 사망자 수가 4천 명을 넘었다는 소식이 연일 심장을 무겁게 짓누릅니다. 전 세계의 상황은 더욱 암담하여, 우리는 보이지 않는 바이러스에 대한 공포를 일상처럼 마주하며 살고 있습니다.

언제 어떻게 감염될지 모른다는 불안감은 만남을 주저하게 하고, 서로를 의심의 눈초리로 바라보게 합니다. '거리두기'와 '자가격리'라는 단어는 어느덧 '위드 코로나'라는, 어쩔 수 없는 공존의 시대를 알리고 있습니다. 끝이 보이지 않는 터널 속에서 사람들의 영혼은 지쳐만 갑니다.

그렇게 무력감에 빠져 있던 오늘, 목사님의 설교 말씀이 가슴에 깊이 와닿았습니다.

"그날에 사람이 예루살렘에 이르기를 두려워하지 말라 시온아
네 손을 늘어뜨리지 말라. 너의 하나님 여호와가 너의 가운데에
계시니 그는 구원을 베푸실 전능자이시라. 그가 너로 말미암아
기쁨을 이기지 못하시며 너를 잠잠히 사랑하시며 너로 말미암아

즐거이 부르며 기뻐하시리라." (스바냐 3:16-17)

구원을 베푸실 전능자께서 우리와 함께 계시며, 나로 인해 기쁨을 이기지 못하시고 잠잠히 사랑하신다는 말씀. 이 얼마나 큰 위로와 감사인지요.

문득 2010년 칠레 광산 붕괴사고가 떠올랐습니다. 지하 700미터 아래, 33명의 광부가 칠흑 같은 어둠과 섭씨 32도가 넘는 고온 속에 갇혔습니다. 얼마 남지 않은 음식과 오염된 공업용수로 버텨야 했던 절망의 시간. 카니발리즘이라는 끔찍한 단어까지 오갔을 정도로 초기 상황은 참혹했습니다.

하지만 매몰 17일째, 기적처럼 지상과 연결된 드릴을 통해 "33명 전원 무사"라는 쪽지가 올라왔습니다. 이 작은 소통의 창구는 거대한 희망의 문이 되었습니다. 자신들이 잊히지 않았으며, 구조될 것이라는 믿음이 생기자 두려움은 점차 사라지고 질서와 냉정이 자리 잡기 시작했습니다. 이 소식은 전 세계로 퍼져나갔고, 각국의 기술과 자원이 칠레로 모여들었습니다.

정치적, 경제적 이해관계를 넘어 오직 '사람을 구하겠다'는 순수한 인간애가 모여 불가능해 보였던 구조의 시간을 단축시켰습니다. 마침내 69일 만에, 그들은 모두 건강한 모습으로 세상 밖으로 걸어 나왔습니다.

그들이 버틸 수 있었던 힘은 바로 '희망'과 '연결'이었습니다. 세상이 우리를 구하고 있다는 믿음, 그것이 절망을 이기게 한 원동력이었습니다.

그렇다면 지금의 이 두려움 속에서 내가 기다릴 수 있는 이유는 무엇일까요? 목사님께서는 한 권의 그림책을 소개해주셨습니다. 맥스 루케이도의 『너는 특별하단다』.

"너는 단지 너라는 이유만으로 특별하단다."

책의 속표지에 적힌 이 한 문장만으로도 큰 위로가 됩니다. 이야기 속 나무 사람 '웸믹'들은 서로에게 잘잘못을 따지며 금빛 별표와 잿빛 점표를 붙입니다. 잘난 이들은 별표를, 그렇지 못한 이들은 점표를 받지요.

주인공 펀치넬로는 늘 점표만 잔뜩 받는 아이입니다. 그러던 어느 날, 몸에 아무런 표가 붙지 않는 루시아를 만납니다. 그 비결은 매일 자신들을 만든 목수 엘리 아저씨를 찾아가는 것이었습니다.

치넬로의 몸에 붙은 점표들을 보며 말합니다.

"남들이 어떻게 생각하느냐가 아니라 내가 어떻게 생각하느냐가 중요하단다. 기억하렴. 내가 너를 만들었고, 넌 아주 특별하단다. 나는 결코 좋지 못한 나무 사람을 만든 적이 없어."

그렇습니다. 세상의 기준과 평가가 어떠하든, 나를 지으신 분은 나를 특별하다고 말씀하십니다. 나의 존재 이유는 다른 무언가로 증명할 필요 없이, '나'라는 그 자체로 충분한 것이었습니다.

내가 수없이 넘어지고 잘못을 저지를지라도, 자녀라는 이유만으로 잠잠히 사랑하며 모든 것을 품어주시는 하나님이 함께 계십니다. 칠레 광부들에게 전 세계의 도움이 희망이 되었듯, 온 우주보다 더 큰 사랑이 지금 나와 함께하고 있음을 믿습니다.

그러니 두려워하지 말고, 잠잠히 기다리겠습니다. 이 어둠의 끝에서 우리를 기쁨으로 맞이하실 그분을 신뢰하며, 오늘을 살아내겠습니다.

손주는 보물

얼마 전, 아들이 손주 녀석들을 데리고 저를 찾아왔습니다. 평온하던 오후, 아들이 툭 던진 질문에 정적이 흘렀습니다.

"엄마, 올해 연세가 어떻게 되시죠?"

"예순일곱. 그런데 나이는 왜 갑자기."

"아이구… 아닙니다."

아들은 깊은 한숨과 함께 말을 흐렸습니다. 그 주저하는 어깨너머로 힘겨운 마음이 고스란히 읽혔습니다. 왜 말을 못 하느냐는 채근에야 아들은 무거운 입을 열었습니다.

셋을 키우기가 버거워 아내도 다시 일을 시작해야 할 것 같은데, 나더러 2년만 아이들을 맡아줄 수 있겠냐는 말이었습니다. 하지만 일흔을 바라보는 제 나이를 생각하니 차마 그 말을 꺼내기가 어려웠던 모양입니다.

'아, 드디어 때가 왔구나.'

마음속으로 생각했습니다. 그간 아들 내외는 자신들의 힘으로 아이들을 키우겠다 했고, 내심 다행이라 여겼던 것이 사실입니다. 남편과 사별 후 오랜 시간 마음고생을 하다 겨우 취미 활동을 시작하며 되찾은 제2의 인생. 이제 막 소소한 행복을 느끼며 살 힘을 얻었는데, 모든 것을 내려놓아야 할지도 모른다는 생각에 마음이 복잡했습니다.

무엇보다 몸이 예전 같지 않았습니다. 허리, 무릎, 손가락 마디마디 쑤셔오는 통증에 협심증까지. 아이들을 돌보고 싶어도 몸이 따라주지 않을 것이 뻔했습니다. 아이들에게 매여 이제 막 재미를 붙인 취미 생활도, 소중한 친구들과의 만남도 포기해야 할 터였습니다. 혹여 아이가 다치기라도 하면 고맙다는 말 대신 원망을 들을 수도 있고, 살다 보면 며느리와의 갈등은 어찌 피할 수 있을까. 온갖 걱정이 파도처럼 밀려왔습니다.

아무 대답도 못 하고 한참을 침묵하다, 제 걱정들을 솔직히 털어놓으며 되물었습니다.

"그런데도 엄마가 가기를 원하니?"

"엄마 편한 대로 말씀하세요. 엄마 결정에 따를게요."

아들은 그리 말했지만, 그 눈빛 속에는 '제발 도와달라'는 간절함이 가득했습니다.

아들 결혼할 때 집 한 채는커녕 전셋돈 한 푼 보태주지 못했던 미안함이 발목을 잡았습니다. 공군사관학교를 졸업해 모은 돈과 호주에서 고생하며 번 돈, 며느리가 가져온 돈을 그러모아 겨우 전셋집을 마련한 아들. 한 번도 저를 원망하지 않고 꿋꿋하게 제 살림을 꾸려나가는 그

알뜰함이 늘 고맙고 대견했습니다. 그런 아들의 부탁을 어찌 매정하게 거절할 수 있을까요.

'그래, 우선 부딪쳐 보자. 하다가 정 힘들면 그때 가서 솔직히 말하자.'

저는 무거운 마음으로 아들의 부탁을 들어주기로 했습니다.

"엄마, 정말 고마워요. 청소, 빨래, 밥, 아무것도 하지 마세요. 아침에 애들 보내고, 오후에 데려오는 것만 해주세요. 그리고 엄마가 선생님이셨으니까, 아이들 공부만 조금 봐주시면 더 바랄 게 없겠어요. 제가 엄마 아르바이트하시는 만큼 용돈 드릴게요. 제발요!"

우체국에서 세 번이나 함께 일하자는 연락이 왔지만, 저는 그 자리를 고사하고 사흘 전 아들네로 향했습니다. 유치원 차 시간, 각 아이의 옷장 위치, 써야 할 세제 종류까지… 새로운 일과를 머릿속에 새기며 낯선 일상을 시작했습니다.

솔직히 처음 며칠은 시간이 더디게 갔습니다. 취미 활동을 못 하니 삶이 무의미하게 느껴지기도 했습니다. 하지만 그 생각은 오래가지 않았습니다. 여섯 살 손녀, 네 살 손자, 돌 지난 막내. 이 작은 생명들이 제 마음을 온통 사로잡기 시작했습니다.

그제는 손녀에게 동화책을 읽게 했습니다. 한글을 겨우 익혀 더듬더듬 읽어 내려갔지만, 그 모습이 어찌나 대견한지요. 책 한 권을 읽을 때마다 상으로 100원짜리 동전을 주었더니, 어느새 11권을 읽어냈습니다.

"할머니, 나 부자 될 것 같아요. 히히히!"

작은 손에 동전 11개를 소중히 움켜쥔 손녀는 엄마에게 달려가 외쳤습니다.

"엄마, 나 책 읽어서 돈 이만큼 받았어요! 나 부자 되면 가난한 사람들도 도와주고 나도 잘살 거예요. 저금통 주세요!"

그 천진한 마음에 웃음이 터져 나왔습니다.

어젯밤에는 제 옆에 꼭 붙어 자던 손녀가 놀라운 질문을 던졌습니다.

세아: 아빠를 할머니가 낳았는데도, 할머니는 왜 아빠보다 나를 더 좋아하세요? 내 얼굴이 예뻐서 그래요?

할미: 세아는 얼굴도 예쁘지만, 마음씨는 더 예뻐서 할머니는 세아를 보기만 해도 행복하네~. 그런데 할머니가 세아를 더 좋아하는지 어떻게 알았어?

세아: 할머니가 저를 아껴주시고 사랑해 주시니까 알지요. 저도 할머니가 좋아요. 그래서 할머니가 혼자 자면 쓸쓸하고 외로울까 봐 내가 할머니랑 같이 자는 거예요.

할미: 그랬구나. 세아 마음씨가 너무 예쁘다. 그런데 외롭고 쓸쓸한 것도 아네~. 그럼 세아는 엄마랑 자고 싶구나~. 엄마랑 자고 싶을 때는

엄마랑 자고, 할머니랑 자고 싶을 때는 할머니랑 자고 그러면 돼. 내일은 할머니가 집에 가니까 엄마랑 자면 되겠다.

세아: 할머니가 집에 가시면 귀요미(고양이)는 어떻게 해요?

할미: '엄마다, 엄마! 어디 갔다 이제 와요~' 하면서 달려와 할머니 발에 막 비벼대며 졸졸 따라다니지~.

세아: 그래요? 귀요미가 많이 기다리겠어요. 나도 귀요미 보고 싶어요. 다음에 가면 놀아줘야지!

어린 손녀와의 진솔한 대화. 때 묻지 않은 순수한 마음과 저를 헤아리는 그 따뜻함에 저는 한없이 행복했습니다.

품에 착착 안기는 둘째, 음악만 나오면 온몸으로 기쁨을 표현하는 막내 또한 저를 완전히 빠져들게 하는 보물이었습니다.

예수님께서 말씀하셨습니다.

"어린아이들이 내게 오는 것을 용납하고 금하지 말라. 하나님의 나라가 이런 자의 것이니라."

그 말씀의 의미를 이제야 온몸으로 깨닫습니다.

아이들은 제게 온 보물이요, 천국이었습니다.

인생의 선물

상선약수(上善若水)란?

"최상의 선은 물과 같다"

'물은 선하여 만물을 이롭게 하지만 다투지 않는다,' 라고 노자의 도덕경 8장에 나오는 말이랍니다.

뒤바뀌는 시대와 작품에 대한 탄압도 묵묵히 견디며, 폭풍같은 한국 현대사의 한복판에서도, 펜을 놓지 않았던 소설가 박경리 씨의 유고 시집의 한 구절에

'다시 젊어지고 싶지 않다.

모진 세월 가고…

아, 편안하다.

늙어서 이렇게 편안한 것을,

버리고 갈 것만 남아서

참 홀가분하다.'

또한, 박완서 씨는 이렇게 썼습니다.

'나이가 드니, 마음 놓고 고무줄 바지를 입을 수 있는 것처럼, 나 편한 대로 헐렁하게 살 수 있어 좋고,

하고 싶지 않은 것을 안 할 수 있어 좋다.

다시 젊어지고 싶지 않다. 하고 싶지 않은 것을 안 할 수 있는 자유가 얼마나 좋은데 젊음과 바꾸겠는가!

다시 태어나고 싶지 않다.

살아오면서 볼꼴 못 볼 꼴 충분히 봤다. 한 번 본 거 두

번 보고 싶지 않다. 한 겹 두 겹 책임을 벗고 가벼워지는 느낌을 음미하면서 살아가고 싶다.

소설도 써지면 쓰겠지만 안 써져도 그만이다.'

이 두 분은 한국 문단을 대표하는 여류 소설가였습니다. 그러면서도 조용한 시골집에서 삶을 마감했지요.

이 두 분은 물처럼 살다 간 분이십니다. 흐르는 물처럼 다투거나 경쟁하지 않는 부쟁(不爭)의 삶을 살았고, 만물을 길러주지만 공을 과시하지 않는 상선약수의 삶을 살았습니다.

흘러가는 강물처럼 부딪히는 모든 것들에서 배우고, 만나는 모든 것들과 소통하며 장강의 글을 쓰면서 그 글 속에서 인생과 사랑을 말했습니다.

박경리 씨는 원주의 산골에서, 박완서 씨는 구리의 동네에서 노년의 침묵을 가르쳐 주었습니다.

천천히 걸어도, 빨리 달려도 이 땅에서의 주어진 시간은 오직 일생뿐입니다. 더러는 짧게 살다가 더러는 조금 길게 살다 떠나갑니다.

이 글을 읽으며 나는 전적으로 동감합니다. 철없이 놀던 어릴적은 그렇다 하더라도 사춘기부터 결혼하여 함께 살아온 몇 년 전까지 정말로 볼꼴 못 볼 꼴 충분히 봤지 않은가! 이들의 말처럼 나도 젊음으로 돌아가고 싶지 않습니다. 모진 세월 가고 늙어서 이렇게 편안한 것을!

이제야 동산에 피는 꽃과 지는 꽃이 그리도 고운 줄을 알게 되었고, 세상에 생명 가진 모든 것들이 소중하다는 것도 알게 되었습니다. 이제야 하나님을 더 가까이 바라볼 수 있게 되었고, 나이든 지금이 더 좋다는 것을 알게 되었습니다.

이것이 하나님이 주신 인생의 선물이요 비밀인 것을!

이제는, 생명 다하는 그 날까지
꽃처럼 웃고,
새처럼 노래하고,
구름처럼 자유롭고,
하늘처럼 평화로운 삶을 살았으면…

< 인생의 선물 >

동산에 피는 꽃이 그리도
그리도 고울 줄이야
나이가 들기 전엔 정말로
정말로 몰랐네

동산에 지는 꽃이 그리도
그리도 고울 줄이야
나이가 들기 전엔 정말로
생각을 못 했네

만약에 누군가가
내게 다시 세월을 돌려준다 하더라도
웃으면서 조용하게 싫다고
말을 할테야

다시 또 알 수 없는
안개빛 같은 젊음이라면
생각만 해도 힘이 드니까
나이든 지금이 더 좋아

그것이 인생이란 비밀
그것이 인생이 준 고마운 선물

봄이면 산에 들에 피는 꽃들이
그리도 고운 줄
나이가 들기 전엔 정말로
정말로 몰랐네

내 인생의 꽃이 다 피고 또 지는 날
그 후에야
비로소 내 마음에 꽃 하나
들어와 피어 있었네

나란히 앉아서
아무 말 하지 않고 고개 끄덕이며
내 마음을 알아주는 친구 하나
하나 있다면

나란히 앉아서 아무 말 하지 않고
지는 해 함께 바라봐 줄
친구만 있다면

더 이상 다른 건 바랄 게 없어

그것이 인생이란 비밀
그것이
인생이 준 고마운 선물…

- 유정 -

    나이 들어 내가 태어난 시골집에서의 오늘 하루는 더욱 정겹고 평화롭습니다! 나는 유정의 이 노래를 부르며 용봉산 너머로 붉게 노을 져가는 하늘을 바라봅니다.

단비

여호와 우리 주여, 주의 이름이 온 땅에 어찌 그리 아름다운지요.
주의 영광이 하늘을 덮었나이다(시편 8:1).

새벽, 밖에서 주룩주룩 빗소리가 들립니다.
메마른 대지에 단비가 내립니다.
갈급했던 산천초목이 춤을 춥니다.
온 땅이 어찌 그리 아름다운지요!

얼마나 애타게 기다렸던 비였던가요. 기나긴 가뭄에 온 산천이 목말라 아우성이었습니다. 봄은 왔건만, 메마른 흙을 힘겹게 뚫고 나온 수선화도, 텃밭의 마늘과 양파도, 이제 막 피어나려는 산수유와 매화의 꽃봉오리도 모두 지쳐 보였습니다. 그 애처로운 모습에 제 마음까지 타들어 갔습니다.

설상가상으로 경북 울진에서 시작된 산불은 초속 20미터가 넘는 강풍을 타고 강원 삼척까지 집어삼켰습니다. 그 거대한 화마를 잡기 위해 얼마나 많은 이들이 사투를 벌였는지요. 원자력발전소와 금강송 군락지를 지켜내기 위한 필사의 노력이 이어졌지만, 불길은 맹렬했습니다.

모두의 애가 타들어가던 그때, 오늘 새벽녘 내린 봄비가 '구원 투수'로 등판했습니다. 213시간, 무려 9일에 걸친 최장기 산불의 주불이 드디어 잡혔다는 소식이 들려왔습니다. 비록 수많은 삶의 터전이 재로 변하고 광활한 숲이 스러지는 돌이킬 수 없는 피해가 남았지만, 이 비가 아니었다면 어찌 되었을까 아찔한 마음이 앞섭니다.

피해를 입은 모든 분이 하루빨리 놀란 가슴을 추스르고 일어서시기를 간절히 기도하며, 화마를 삼키고 다시 온 산천을 촉촉이 적셔주는 이 생명의 비에 깊은 감사를 드립니다.

문득 생각해 봅니다. 내 마음에도 이런 단비가 내리면 얼마나 좋을까. 돌아보면 제 삶에도 기쁜 날보다는 슬프고 고통스러운 날들의 무게가 더 무겁게 느껴질 때가 있었습니다. 물론 나이가 들고 지난 몇 해 동안은 마음에 평안을 찾게 된 것이 참으로 감사합니다. 하지만 이따금 찾아오는 외로움 속에서, 이제는 이 평안함에 안주하기보다 한 걸음 더 나아가고 싶다는 욕심이 생깁니다.

제 마음에도 단비가 내려, 누군가를 뜨겁게 사랑하고, 사랑하는 이와 기꺼이 함께 고생하며, 기쁨으로 베풀고 봉사하는, 보다 적극적이고 활기찬 삶을 살아갈 힘을 얻을 수 있다면.

메마른 영혼을 적시는 생명의 비가 내려, 제 삶이 더욱 푸르고 풍성해지기를 간절히 소망합니다.

뚱딴지

사순절 스물한 번째 날. 부활절을 앞두고 나는 비장한 각오로 색소폰 앞에 앉았습니다. 고난주일에 연주할 'Via Dolorosa(고난의 길)'. 지난해에는 연습이 부족해 아쉽게 연주하지 못했던 터라, 올해는 기필코 완성하리라 마음먹었습니다. 하지만 복잡한 꾸밈음과 애드리브는 여전히 손가락에 익지 않고 자꾸만 삐걱거렸습니다.

'이러다 올해도 망치겠다. 일단 쉽게 가자!'

저는 과감히 악보를 수정하기 시작했습니다. 어려운 기교들을 덜어내고 담백하게 편곡한 나만의 'Via Dolorosa' 악보를 완성하고 막 연습에 들어가려던 참이었습니다.

바로 그때, 작은어머님께서 허리 수술 후 오랜만에 저를 찾아오셨습니다.

"얘, 동생이 완두콩 심어놓은 너꾸니 밭에나 한번 가 보자."

작은어머님의 말씀에 저는 군소리 없이 악보를 내려놓고 따라나섰습니다.

간밤에 내린 단비 덕에 하늘은 유리알처럼 맑았고, 상쾌한 봄바람이 뺨을 스쳤습니다. 텃밭 가장자리에는 앙증맞은 개불알풀이 수줍게 피어 있고, 마당의 수선화는 한껏 꽃대를 올려 봉오리를 맺었습니다. 죽은 줄로만 알았던 금낭화도 흙을 이불처럼 들추며 뾰족뾰족 붉은 새순을 내밀고 있었습니다.

작은어머님을 모시고 도착한 밭에는 동생이 심어놓은 완두콩 싹이 비닐 속에서 한 뼘쯤 자라 있었습니다. 동글동글한 초록 잎이 어찌나 귀엽고 사랑스러운지요. 하지만 어젯밤 내린 비로 땅이 질어, 햇볕에 타 죽지 않도록 비닐을 뚫어 주는 일은 내일로 미뤄야 했습니다.

아쉬운 마음으로 돌아서려는데, 밭둑에 말라붙은 뚱딴지 줄기가 눈에 띄었습니다. 꽃과 잎은 감자와 전혀 다른데 뿌리만은 감자를 닮아 '엉뚱하다' 하여 '뚱딴지'.

어릴 적 엉뚱한 짓을 하는 아이에게 어른들이 "너는 왜 그리 뚱딴지 같니?" 하시던 말씀의 주인공이 바로 이 녀석이었지요. 당뇨에 좋은 '돼지감자'라는 이름으로 5일장에 나오기도 하는, 요즘은 제법 귀한 대접을 받는 풀입니다.

그 순간, 까맣게 잊고 있던 어린 시절의 기억 한 조각이 떠올랐습니다. 외갓집 '재간(변소 겸 재 버리는 곳)' 옆에 무성하던 뚱딴지를 외사촌 동생과 신나게 캐던 날이었습니다.

"이놈들아, 그거 캐면 재간 무너져! 캐지 말어!"

외할아버지의 불호령에 저희는 이미 캔 뚱딴지를 앞자락에 소중히 감싸 들고 줄행랑을 쳤습니다. 아궁이에 구워 맛을 보았지만, 감자나 고구마와는 달리 밍밍하고 맛이 없어 그대로 던져버렸던 기억이 생생합니다.

"그거 맛없어요."

제가 손사래를 쳤지만, 작은어머님께서는 이걸로 피클을 담갔다며 한번 캐보라고 하셨습니다. 반신반의하며 마른 줄기를 잡고 흙을 파내자, 울퉁불퉁 못생긴 뚱딴지가 주렁주렁 재미있게 딸려 나왔습니다.

집에 돌아와 뚱딴지를 깨끗이 씻어 껍질을 벗기고 납작하게 썰었습니다. 물, 식초, 설탕, 소금을 섞어 팔팔 끓인 단촛물을 붓고 두어 시간 지났을까. 맛을 보니 아삭아삭 새콤달콤한 것이 별미였습니다. 입에 넣는 순간, 예쁜 손주들 얼굴이 가장 먼저 떠올랐습니다.

오늘, 저는 예수님의 고난을 묵상하며 경건하게 색소폰을 연습하려 했습니다. 그러나 결국 제 손에 들린 것은 악기가 아닌 뚱딴지 한 바구니였네요. 하루 종일 뚱딴지같은 일만 한 것 같습니다.

내일은 꼭 계획대로 살아야겠습니다. 다짐해 보지만, 뚱딴지 피클 한 조각에 마음이 무장해제되는 걸 보니 어떨지 모르겠습니다.

한 알의 밀알, 어머니

어머니께서 요양병원에 몸을 누이신지 어느덧 6년이 되어갑니다. 코로나19는 그 길고 막막했던 시간에 더욱 깊은 단절을 새겼습니다. 면회는 중지되었고, 영상으로 잠시 얼굴을 뵙던 비대면 면회마저 끊기고 말았습니다.

필요한 물품을 전하며 안부를 묻는 것이 저희가 할 수 있는 전부였습니다. 치매로 모든 것을 잊으셨어도, 자식들이 오기만을 기다리고 계실 터. 오지 않는 저희를 얼마나 원망하고 낙심하실까 생각하면 애간장이 탔습니다. 행여 병원에서 잘못되시기라도 할까 봐 형제들이 모여 집으로 모셔 올 방도를 의논하기도 했습니다. 하지만 어머니의 뼈는 저희에게 모든 진액을 내어주시고 바람 든 무처럼 약해져, 고관절 골절로 거동조차 힘드신 상태입니다. 주기적인 혈액 투석 또한, 스스로 통원할 수 없는 어머니를 받아주는 병원은 집 근처에 없었습니다. 병원에 계시는 것이 통증 관리에도 용이하고 어머니 고생이 덜할 것이라는 의사의 말에, 저희는 가슴을 치며 병원에 어머니를 맡겨야 했습니다.

어머니의 병세는 점점 깊어져 이제는 식사마저 힘겨워 콧줄로 영양을 공급받고 계십니다.

칠흑 같은 절망 속에서 한시적 대면 면회를 허용한다는 한 줄기 빛 같은 소식이 들려왔습니다. 동생과 저는 가장 빠른 날짜를 잡아 두 시간이 넘는 서울 길에 올랐습니다. 차창 밖 세상은 온통 연초록빛으로 싱그럽고, 하얀 이팝나무 꽃이 소담스럽게 피어났습니다.

그 눈부신 이팝나무 꽃송이 위로, 어릴 적 어머니의 사랑이 아련히 피어올랐습니다.

초등학교 1학년, 무릎까지 눈이 쌓이고 눈보라가 휘몰아치던 십 리 길을 울면서 집으로 향하던 날이었습니다. 길인지 밭인지 분간도 안 되는 길을 엉엉 울며 내달렸습니다. 저만치 집이 보일 때쯤, 어머니께서 포대기를 들고 마중 나와 계셨습니다. 그리고는 커다란 저를 훌쩍 업으시더니, 꽁꽁 언 제 두 손을 당신의 겨드랑이 사이에 넣어 녹여주셨습니다. 어머니는 그렇게 당신의 모든 것을 내어주시는, 세상에서 가장 따뜻한 분이셨습니다.

제가 중학교 3학년이 될 때까지 저희 마을엔 전기가 들어오지 않았습니다. 새로 부임하신 목사님께서 마을에 전기를 끌어오기 위해 동분서주하셨지만, 일은 쉽게 풀리지 않았습니다. 그러던 어느 날, 새벽 기도를 다녀오신 어머니께서 저희를 불러 말씀하셨습니다.

"얘들아, 대통령께 편지를 한번 써보면 어떨까?"

어머니의 기발한 생각에 저희는 신이 나서 편지를 썼습니다. 제가 불러주는 내용을 네 살 어린 동생이 고사리손으로 받아썼습니다. 주소는 그저 '서울특별시 청와대 박정희 대통령 귀하'. 며칠 뒤, 정말로 청와대에서 답장이 왔습니다. '내년에 우선순위로 전기를 놓아 주겠다'는 약속이었습니다. 세상을 다 가진 듯 기뻤습니다.

그때 어머니께서 조용히 말씀하셨습니다.

"너희가 대통령께 편지를 써서 전기가 들어왔다고 하면, 그동안 애쓰신 목사님 수고가 헛되게 된단다. 그러니 이 일은 아무에게도 말하지 말자."

어머니는 당신의 지혜와 자식들의 공을 드러내는 대신, 그 모든 영광을 묵묵히 애써온 분에게 돌리고자 하셨습니다.

그리고 정말 이듬해가 오기 전, 마을에 전기 공사가 시작되었습니다. 훗날 「갈산감리교회 80년사」에는 이 일이 '목사님의 오랜 숙원 사업이 순조롭게 추진된 것'으로 기록되었습니다. 어머니는 그렇게 지혜롭고 겸손한 분이셨습니다.

어느 가을, 아버지 기일에 모인 저희에게 어머니는 고구마를 캐자고 하셨습니다. 한창 흙을 파내던 목사 제부가 소리쳤습니다.

"어? 여기 오리알이 있네! 신기하다!"

푸르스름한 알을 두고 저희는 신기해하며 너도나도 추측을 쏟아냈습니다. 잠시 후 여기저기서 "나도 찾았다!" 외침이 터져 나왔고, 고구마밭은 웃음 가득한 보물찾기 현장으로 변했습니다. 바로 자식들을 즐겁게 해주시려는 어머니의 반짝이는 이벤트였습니다. 미리 삶은 달걀을 밭고랑에 숨겨두셨던 것입니다.

　그렇게 따뜻하고, 지혜롭고, 유쾌했던 어머니! 어느덧 병원에 도착해 방호복을 입고 마주한 어머니의 모습은 저의 기억을 산산조각 냈습니다. 두 손은 시꺼멓게 멍들어 있고, 뼈만 앙상한 몸에는 영양식이 들어가는 호스가 코에 꽂혀 있었습니다. 따뜻하던 손은 싸늘하게 식어 있었고, 입에선 신음 같은 숨소리만 새어 나왔습니다. 저는 차갑고 가느다란 어머니의 손을 두 손으로 감싸 쥐고, 터져 나오는 눈물을 삼키며 용서를 빌었습니다.

　"엄마, 많이 기다렸지요? 힘들지요? 죄송해요, 엄마. 곁에 있어야 하는데… 죄송해요."

　함께 간 아들은 눈물을 참으며 말했습니다.

　"어머니, 저희는 다 잘 있으니 걱정 마시고, 마음으로 하나님께 기도하세요. 하나님 손 꼭 붙잡고 승리하셔요…."

　그러자 어머니는 감기던 눈을 힘겹게 뜨시며, 아주 작은 목소리로 "응" 하고 대답하셨습니다.

　한 알의 썩는 밀알이 되어 당신의 모든 것을 저희에게 주신 어머니.

　사랑합니다. 하늘만큼, 바다만큼.

어머니의 천국 환송

2022년 5월 9일 오후 3시 30분.

엄마의 혈압이 떨어지고 있으니 서둘러 오라는 연락에 세상이 멈추는 듯했습니다. 언젠가는 마주해야 할 이별임을 애써 다독여왔건만, 전화기 너머의 다급한 목소리는 제 심장을 쿵 내려앉게 했습니다.

막냇동생과 나는 텅 빈 머리로 소지품을 되는대로 챙겨 차에 올랐습니다. 그러나 시동을 걸기도 전, 야속하게도 큰아들의 전화가 다시 울렸습니다. 어머니께서 이미 저희를 떠나셨다고. 앰블런스로 어머니를 모시고 내려갈 테니 장례식장을 준비하라는 말이 귓가에 맴돌 뿐, 아무 생각도 나지 않았습니다.

정신을 차리고, 나는 영정사진과 수의를 챙기러 집으로 향했습니다. 어머니께서 미리 준비해 두신 사진은 세 장. 환갑, 칠순, 팔순. 10년마다 죽음 너머의 길을 준비하며 살아 있음을 감사해오신 어머니의 시간이 그 안에 고요히 담겨 있었습니다. 나는 칠순 때 찍으신, 하늘빛 저고리를 입고 가장 인자하게 웃고 계신 사진을 집어 들었습니다. 흐르는 눈물이 사진 위로 떨어져 얼룩을 만들면, 나는 닦아내고 또 닦아내다 결국 사진을 가슴에 품고 통곡했습니다.

장롱 속에는 노오란 수의가 탈지면과 함께 비닐에 싸여 있었습니다. 그 꼼꼼한 준비가 오늘따라 칼날처럼 아팠습니다. 나는 보자기에 수의를 싸서 영정과 함께 차에 싣고, 텅 빈 마음으로 장례식장으로 향했습니다.

서울에서부터 여러 절차로 출발이 늦어진다는 연락에, 기다리는 시간은 고문과도 같았습니다. 몇 시간이 흐른 뒤에야 장남은 어머니를 모시고 도착했습니다.

안치실에서 마주한 엄마의 얼굴은, 아무 고통 없이 평온하게 눈을 감고 계셨습니다. 그 모습에 안도하면서도, 다시는 그 눈을 뜨지 않으시리란 사실에 가슴이 미어졌습니다.

다음 날부터 사흘간, 어머니의 천국 환송이 시작되었습니다. 어머니의 아들딸, 며느리와 사위, 열세 명의 손주들과 그 배우자들까지. 어머니께서 아버지와 함께 일구신 이 많은 열매들이 곁을 지키고 있다는 사실이 슬픔 속 유일한 위안이었습니다.

어머니께서 다니시던 교회와 여러 지인들의 조문 행렬이 이어졌습니다. 종교가 달라 다툼이 이는 다른 상가와 달리, 저희 빈소에는 오직 어머니께서 물려주신 믿음 안에서 잔잔한 찬송과 위로만이 흘렀습니다.

하지만 그 은혜로운 공간이 고요할수록, 주인 잃은 빈자리는 더욱 크게 느껴졌습니다.

입관식 날, 어머니는 마지막 목욕을 하시고 예쁘게 화장을 하셨습니다. 깨끗해진 얼굴은 더없이 평온했지만, 우리를 키워내느라 세상의 모든 고통을 온몸으로 감내하셨을 그 생애가 떠올라 목이 메었습니다. 준비했던 수의를 입으시고, 십자가가 수놓아진 삼베로 단장된 채 관으로 모셨습니다. 꽃을 좋아하셨던 어머니를 위해, 저희는 관이 보이지 않을 때까지 하얀 꽃으로 덮어드렸습니다. 이것이 저희가 해드릴 수 있는 마지막 호사였습니다.

발인 예배를 마치고 화장터로 향하는 길. 손주들이 영정을 들고 앞장섰고, 우리들은 그 뒤를 따랐습니다.
'괴로운 인생길 가는 몸이 편안히 쉴 곳이 아주 없네… 돌아갈 내 고향 하늘나라.'
찬송을 부르는 내내 눈물이 뺨을 타고 흘렀습니다.

어머니의 관이 화장장으로 들어가고, 우리는 관람석에서 그 마지막을 지켜보았습니다. '해보다 더 밝은 저 천국…' 엄마가 불에 탄다는 그 끔찍한 현실을 애써 외면하려, 흐르는 눈물을 삼키며 목이 터져라 찬송을 불렀습니다. 우리에게 다툼 없는 평안한 장례를 물려주신 것도 어머니의 마지막 선물이었지만, 그 평안이 사무치도록 슬펐습니다. 한 시간이 지나, 어머니는 한 줌의 재가 되어 우리 앞에 나타나셨습니다.

장지는 '너꾸니산'이라 불리는, 할아버지와 할머니, 그리고 아버지가 잠들어 계신 곳이었습니다. 도착하니 이미 아버지의 봉분 한쪽이 파헤쳐져 붉은 황토 흙을 드러내고 있었습니다. 화창한 날씨, 아름답게 빛나는 황금실편백, 새빨갛게 꽃을 피운 단풍나무. 이 모든 아름다운 풍경이, 이제는 어머니께서 보실 수 없다는 생각에 안타까움으로 아려왔습니다.

안치 예배 중, 큰딸아이가 울음 반, 웃음 반 섞인 목소리로 할머니를 불렀습니다.

"할머니, 여기 오니까 어릴 때 할머니랑 고추 따던 거 생각나. 힘들다고 찡찡대니까 갑자기 '보물찾기' 하자고 했잖아. 고추밭에 무슨 보물이 있냐고 안 믿었는데, 진짜로 고추밭 사이에 노란 참외가 숨겨져 있었지. 그때 먹은 참외가 얼마나 달고 맛있었는지 몰라…"

그 따뜻했던 기억이, 다시는 돌아오지 못할 추억이 되어 가슴을 찔렀습니다. 우리는 차가운 유골함을 만지며 어머니께 마지막 인사를 드렸습니다.

엄마. 이제 새소리, 개구리 소리 들으며 이곳에서 편히 쉬세요. 기차가 지나가는 소리도 들으면서, 저희가 가꾸는 저 밭의 완두콩이 자라는 것도 보시면서요. 저희를 위해 모든 것을 내어주신 어머니, 다시 하나님

곁에서 만나는 그날까지, 사무치게 그리울 겁니다.

어머니를 너꾸니산 양지바른 곳에 모셔드리고, 저희 오 남매는 비로소 함께 식당에 마주 앉았습니다. 텅 빈 허전함과 분주했던 시간의 피로가 한꺼번에 몰려오는 듯했습니다.

하지만 음식을 기다리는 동안, 우리는 마치 약속이라도 한 듯 어머니의 마지막 가시는 길을 돌아보며 감사의 제목들을 하나씩 꺼내놓기 시작했습니다.

가장 먼저, 춥지도 덥지도 않은 가장 아름다운 계절의 여왕 5월에, 화창한 날씨 속에서 어머니를 보내드릴 수 있었음에 감사했습니다. 장례 내내 하늘은 저희의 슬픔을 위로하듯 맑고 따뜻했습니다.

무엇보다 큰 감사는 어머니께서 물려주신 신앙의 유산이었습니다. 오 남매 모두 같은 믿음 안에서, 다툼이나 이견 없이 오직 은혜로운 찬송으로 어머니의 마지막 길을 함께 꾸며드릴 수 있었습니다. 아버지의 기일은 개천절, 어머니의 기일은 공교롭게도 어버이날이 되어, 흩어져 사는 형제들이 한자리에 모이는 데 어려움이 없게 하신 하나님의 세심한 섭리에도 고개가 숙여졌습니다.

어머니께서 잠드신 너꾸니산은 새소리, 개구리 소리, 멀리 기차 소리까지 들리는 정겨운 곳입니다. 자녀들이 땀 흘려 일구는 밭을 내려다보실 수 있는 그 아름다운 자연의 품 또한 감사할 따름입니다.

저희 오 남매가 서로 아끼고 도우며 살도록 가르치신 어머니의 가르침 덕분에, 장례는 슬픔을 나누고 우애를 더욱 돈독히 하는 귀한 시간이 되었습니다.

장례 비용과 병원비를 치르고도 남을 만큼 넉넉하게 채워주신 물질의 축복과 이 모든 과정을 통해 우리 가족이 얼마나 다복한 가정인지 다시금 깨닫게 하신 은혜에 저희는 몇 번이고 감사했습니다.

이야기를 나누는 사이, 슬픔으로 가득했던 마음이 어느새 따뜻한 감사로 채워졌습니다.

내일은 다 함께 너꾸니산에 다시 올라야겠습니다. 하늘을 찌를 듯 자란 향나무를 단정하게 다듬어 드리고, 꽃을 유난히 좋아하셨던 어머니와 아버지, 그리고 할아버지 할머니 산소 앞에 고운 꽃들을 심어드려야겠습니다.

엄마, 이제 고통도 근심도 없는 그곳, 천국에서 평안히 쉬세요. 저희는 엄마가 가르쳐주신 사랑으로, 감사하며 살겠습니다.

- 어머니를 그리며 -

칠순의 가장 고운 얼굴을 골라
스스로의 마지막 길을 준비하시던 분
하늘빛 저고리처럼 맑은 웃음 뒤로
열 해마다 찾아올 이별을 먼저 헤아리셨네

눈보라 치던 십 리 길 마중 나와
꽁꽁 언 손 당신 품에 녹여주시던 온기
고추밭에 숨겨둔 노란 참외처럼
고된 날들 속에서 기쁨을 찾아주시던 지혜
편지 한 장으로 마을의 불을 밝혔으나
그 공을 조용히 이웃에게 돌리시던 겸손
어머니의 삶은 그런 사랑이었습니다

방호복 너머로 마주한 마지막 모습
멍든 손과 앙상한 몸, 가쁜 숨결 앞에
따뜻했던 기억들이 칼날이 되어 박힙니다
해드릴 수 있는 건 꽃으로 관을 덮는 일뿐
이제는 만질 수도, 들을 수도 없는 이름
목이 메어 불러보는,
나의 어머니

붉은 황토 흙 너꾸니산에 어머니를 뉘이고
아버님 곁에 마지막 집을 지어드리니
황금실편백은 어머니를 반기듯 빛나고
단풍나무는 선연한 꽃을 피워 바칩니다
당신이 떠난 세상은 이리도 아름다워
사무치는 그리움이 온 산에 가득합니다

한 알의 밀알이 되어 흙으로 돌아가셨지만
남기신 사랑은 우리 안에 풍성한 열매로 맺혔으니
괴로운 인생길 다 마치고 편히 쉬소서
해보다 더 밝은 저 천국에서 다시 만날 날까지
하늘만큼 바다만큼,
사랑하고 또 사랑합니다.

다리 세 개

어머니를 천국으로 보내드린 바로 다음 날 아침, 나는 어제 한 다짐을 지키기 위해 산소로 향했습니다. 산소 주변의 나무들을 단정히 손봐드리고 싶어 조경사 한 분과 함께였습니다.

그날도 하늘은 더없이 화창했고, 신록은 눈부시게 아름다웠습니다. 장항선 기차는 익숙한 소리를 내며 밭 너머를 지나갔고, 모내기를 위해 물을 채운 논에서는 왜가리 몇 마리가 한가로이 먹이를 찾고 있었습니다. 모든 것이 평화로운 풍경. 어머님 묘 앞에 시들어가는 국화만이 어제의 슬픔을 말해주고 있었습니다.

"엄마, 저 왔어요. 평안하시지요?"

짧은 인사를 드리고, 우리는 바로 일에 착수했습니다. 향나무를 휘감고 올라간 찔레 넝쿨을 걷어내고, 무성한 가지들을 정갈하게 다듬었습니다. 단풍나무도 동그랗게 모양을 잡아주고, 황금측백 일부는 솎아내어 자리를 옮겨 심었습니다.

그때였습니다. 잘라낸 나뭇가지를 한 아름 안아 옮기다, 그만 왼발이 접질리며 고꾸라졌습니다. 숨을 쉴 수도 없을 만큼 극심한 통증이 온몸을 꿰뚫었습니다. 눈앞이 노랗게 변하며 아찔했지만, 한참 만에야 겨우 정신을 차리고 부축을 받아 일어설 수 있었습니다.

병원에서 돌아온 제게는 깁스와 한 쌍의 목발이 주어졌습니다. 다리가 세 개가 된 것입니다.

그런데 이상한 일입니다. 다리가 세 개가 되니, 두 개일 때보다 세상이 몇 배는 더 불편하고 위험해졌습니다. 턱이 높은 시골집 화장실을 드나드는 일은 곡예에 가까운데, 야속하게도 화장실은 왜 더 자주 가고 싶은 걸까요. 물 한 잔 마시러 부엌에 가는 길도 험난하기만 합니다. 온전한 다리 하나마저 높은 문턱 하나를 넘기 힘겨워 쩔쩔맵니다. 도와줄 사람 하나 없이 홀로 겪는 이 답답함이라니.

새삼 자연의 이치와 하나님의 섭리가 참으로 오묘하다는 것을 깨닫습니다. 하나가 부족해도, 하나가 넘쳐도 온전치 못하고 불편한 것이 세상의 이치인가 봅니다. 세상 구석구석 잘 보라고 눈을 두 개 주시고, 소리를 잘 들으라고 귀도 두 개를 주셨나 봅니다. 남의 말은 조금만 하라고 입은 하나만 주셨겠지요.

두 다리로 온전히 걷고 달리라고 주신 몸. 괜한 다리 하나가 더 생기니, 이토록 세상이 불편할 수가 없습니다.

낡은 몸에 새기는 희망 한 조각

며칠 전, 정든 시골집 툇마루에서 발을 헛디뎠을 뿐인데 왼쪽 복숭아뼈가 와지끈 부서지는 소리를 들었습니다. 급한 대로 응급처치를 하고 버티다, 어제야 딸의 손에 이끌려 일산의 든든한 병원을 찾았습니다.

CT 촬영 영상을 가만히 들여다보던 젊은 의사 선생님은 담담한 어조로 말했습니다. 어긋난 뼈를 맞추고 그 위에 금속판을 대어 고정해야 한다고. 그 말이 내 귀에는 이렇게 들렸습니다.

'살을 찢고, 뼈를 제자리로 돌린 뒤, 차가운 쇠붙이를 대고 못으로 박는다…'

평생을 겁쟁이로 살아온 내게는 너무나 끔찍한 상상이었습니다. 온몸에 소름이 돋고 심장이 서늘하게 내려앉았습니다.

하지만 살기 위해서는 달리 선택의 여지가 없지 않은가. 겁에 질린 내가 "아프지 않나요?"라며 같은 질문을 몇 번이나 반복하자, 의사는 척추 마취라 괜찮을 거라며 나를 안심시켰습니다.

그렇게 나는 도살장에 끌려가는 소처럼 수술대에 올랐습니다. 몇 마디 오가는 말에 겨우 대답하는데, 하반신만 마취한다던 몸은 어느새 깊은 잠에 빠져들었습니다. 시간이 얼마나 흘렀을까. 희미하게 눈을 뜨니 내 발은 하얀 붕대로 칭칭 감겨 있었고, 몸은 입원실 침대 위로 옮겨져 있었습니다. 머리맡 스탠드에는 진통제와 항생제 같은 주사 약병들이 주렁주렁 매달려 내 신세를 말해주는 듯했습니다.

다행히 수술은 생각만큼 고통스럽지 않았지만, 내 몸 안에 차가운 금속이 박혀있다는 이물감은 좀처럼 떨쳐내기 힘들었습니다. 오늘 아침, 소독을 위해 붕대를 풀자 드러난 상처는 놀랍도록 꼼꼼하게 꿰매져 있었습니다. 그나마 불행 중 다행이라 여기며 가슴을 쓸어내렸습니다.

사실 이번 입원은 다른 계획에서 비롯된 것이었습니다. 지난 2~3년 간 지긋지긋하게 나를 괴롭혔던 허리를 손보려던 참에, 엉뚱하게 발이 먼저 말썽을 부린 것입니다. 어차피 병원 신세를 지게 된 김에, 이 기회에 허리 검사도 받아보았습니다.

의사는 MRI 영상을 찬찬히 살피더니, 발목 때보다 더 무서운 이야기를 꺼냈습니다.

"어머님, 허리 디스크가 여러 마디 퇴행성으로 닳아있습니다. 특히 5번 척추뼈 신경근 분리증이 있는 부분이 심하게 눌려있네요. 이 부위는 나사못으로 고정하는 수술이 필요합니다."

그는 수술이 어렵지는 않다며 나를 안심시키려 애썼습니다. 수술은 한 시간 반이면 끝나고, 다음 날부터 걸을 수 있으며, 보조기를 착용한 채 3개월을 조심하면 증상의 70~80%는 좋아질 거라고. 하지만 이미 상처받은 신경 탓에 100% 완치는 어렵다는 말도 덧붙였습니다. 낡은 디스크를 긁어내고, 인공 디스크를 넣은 뒤, 나사못으로 단단히 박는 수술. 비용은 600만 원이 넘을 거라는 말까지.

나는 그저 겁에 질려 의사의 얼굴만 빤히 바라볼 뿐이었습니다. 온몸의 힘이 빠져나가는 듯했습니다.

'아, 이제 정말 다 낡았구나. 성한 곳 하나 없는 낡은 자동차가 부품을 갈아 끼우며 겨우 버티듯, 내 몸도 이제 폐차장 갈 날이 머지않았구나.'

서글픔이 파도처럼 밀려왔습니다.

'이제야말로 남은 인생, 나를 위해 즐기고 남을 위해 봉사하며 살고 싶었는데, 몸이 먼저 세월의 무게를 이기지 못하고 주저앉아 버렸구나.'

하지만, 허물어지는 마음을 애써 다잡아 봅니다.

'낡았지만 '고칠 수 있다'는 사실이야말로 얼마나 큰 축복인가. 이 세상에는 아파도 고칠 방법조차 없는 이들이 얼마나 많은가. 그렇다면 나는 분명 축복받은 사람이다.' 하루하루 줄어드는 여생이 안타깝고 서러웠지만, 절망의 잿더미 속에서 가느다란 희망 한 가닥을 붙잡을 수 있었습니다.

문득, 오래전 읽었던 '가시고기'의 한 구절이 뇌리를 스쳤습니다.

'내가 헛되이 보낸 오늘 하루는, 어제 죽어간 이들이 그토록 간절히 바라던 내일이다.'

그렇다! 수선하고 고쳐 쓸 수 있음에 감사하며, 나는 나에게 주어진 오늘을, 그 소중한 내일을 더욱 뜨겁게 살아가리라 다짐해 봅니다.

가장 아름다운 고백

제가 중학교 시절, 스크린 속 주인공을 보며 남몰래 눈물을 훔치게 했던 한 배우가 있었습니다. 바로 수많은 명작 영화의 주역이었던 원로 배우 신영균 님입니다. 최근 지인을 통해 그의 소식을 접하고, 잊고 있던 옛 감동과 함께 그보다 더 깊은 울림을 받았습니다.

배우 신영균 님은 500억 원 상당의 사유재산을 한국 영화 발전을 위해 내놓았고, 100억 원에 달하는 대지는 모교인 서울대학교에 기부하여 진정한 '노블레스 오블리주'의 본을 보여주었습니다.

그가 내어놓은 재산은 결코 쉽게 얻은 것이 아니었습니다. 최고의 인기를 누렸던 1960~70년대, 한 해에 30편이 넘는 영화를 찍는 고된 노력으로 이룬 결실이었습니다. '연산군', '상록수', '빨간 마후라', '미워도 다시 한 번' 등, 그의 영화를 보며 울고 웃었던 제 어린 시절이 떠올라 가슴이 뭉클했습니다. 또한 명보극장과 여러 제과점을 성공적으로 이끌었던 성실한 사업가이기도 했습니다.

더욱 놀라웠던 것은 그의 삶을 관통하는 굳건한 신앙이었습니다. 독실한 기독교 집안에서 자라며 평생 술과 담배, 도박을 멀리하고 스스로를 엄격하게 지켜왔습니다. 아흔을 넘긴 그의 인생관은 다음의 한마디에 오롯이 담겨 있었습니다.

"이제 내가 나이 아흔을 넘겼으니 살면 얼마나 더 살겠습니까? 그저 남은 거 다 베풀고 가면서 인생을 아름답게 마무리하고 싶습니다. 나중에 내 관 속에는 성경책 하나만 함께 넣어주면 됩니다."

이토록 모든 것을 비우고 나누려는 그의 마음이 어디에서 비롯되었는지, 그가 가장 좋아한다는 성경 구절을 통해 알 수 있었습니다.

"그러나 내가 나 된 것은 하나님의 은혜로 된 것이니 내게 주신 그의 은혜가 헛되지 아니하여, 내가 모든 사도보다 더 많이 수고하였으나 내가 한 것이 아니요 오직 나와 함께하신 하나님의 은혜로라."

젊은 날 스크린으로 보았던 배우로서의 감동을 넘어, 한 사람의 삶이 보여줄 수 있는 가장 아름다운 마무리를 보았습니다. 자신의 모든 것이 스스로의 노력이 아닌 오직 하나님의 은혜였다는 그의 겸허한 고백 앞에 저절로 고개가 숙여집니다.

신체의 장애보다 무서운 것

'외측 복사 골절.'

발목 복숭아뼈에 금이 간 지 오늘로 열여드레, 수술을 받은 지도 열하루가 지났습니다. 자유롭지 못한 몸으로 할 수 있는 일이란, 욱신거리는 발목에 아이스팩을 올리고 높은 베개에 다리를 받친 채 누워 있는 것이 전부입니다.

병원에 있을 때만 해도 다짐은 굳건했습니다.

'꼼짝없이 누워있는 동안 미뤄뒀던 글을 쓰자. 아파트에서는 불 수 없는 색소폰이니, 그간 연습했던 곡들의 계이름이라도 전부 외워 온전한 내 것으로 만들자.'

그러나 막상 현실은 달랐습니다. 온종일 무기력하게 누워만 있을 뿐, 일어설 의욕조차 나지 않았습니다. 글을 쓰려 해도 아무런 감흥이 떠오르지 않았고, 악보는 머릿속을 맴돌기만 할 뿐 영 외워지질 않았습니다.

내 정신력이 겨우 이 정도였던가. 한심한 마음에 자괴감이 들었습니다. 신체의 장애는 단순히 몸의 불편으로 끝나지 않았습니다. 어느새 제 마음과 정신까지 철저한 장애인으로 만들어 버리고 있었습니다.

그런 저를 보다 못한 딸이 바람이라도 쐬자며 휠체어를 끌고 나왔습니다. 저는 속으로 '이참에 혼자서 병원 물리치료라도 다닐 수 있을지 가늠해 보자'는 생각으로 길을 나섰습니다.

하지만 1층 현관 앞 장애인 경사로를 내려서는 것부터가 험난한 길이었습니다. 턱이 높아 위험천만했고, 보도블록은 어찌나 울퉁불퉁한지 휠체어가 나아갈 때마다 온몸이 위태롭게 흔들렸습니다. 결국, 얼마 가지 못해 되돌아오고 말았습니다. 땀을 뻘뻘 흘리며 휠체어를 밀던 딸의 얼굴을 보니 미안함에 고개를 들 수 없었습니다.

그동안 저는 얼마나 무심하게 살았던가요. 엊그제 TV에서 본 장애인들의 고충이 떠올랐습니다. 고장 난 리프트, 휠체어가 돌기엔 너무 좁은 장애인 화장실. 교단에 있을 때 학생들과 눈을 가리고 활동하는 장애체험을 한 적도 있지만, 그것은 어설픈 흉내에 지나지 않았습니다.

내가 직접 장애인이 되어보니, 비로소 그들의 일상이 얼마나 고된 사투의 연속인지 조금이나마 알 것 같았습니다. 건물을 짓는 건축가들이라면, 설계에 앞서 단 하루만이라도 휠체어를 타고 직접 생활해 봐야 한다는 생각이 절실하게 들었습니다.

집으로 돌아와 다시 침대에 몸을 뉘었습니다. 그러자 제가 기르는 고양이 '귀요미'가 기다렸다는 듯 침대 옆 휠체어 위로 훌쩍 올라가 자리를 잡습니다. 어느새 휠체어는 저를 지키는 귀요미의 지정석이 되었습니다.

그때, 거실에서 세 개의 다리로 절뚝이며 무언가가 다가왔습니다. 딸이 기르는 고양이 '레옹'이었습니다. 몇 해 전, 아파트에서 탈출했다가 다리가 부러진 채 발견된 레옹이는 원래 주인이 치료를 포기하여 수의사인 작은딸이 데려온 아이입니다. 결국, 다리 하나를 절단했고, 이제는 노안으로 앞도 잘 보지 못하며, 성한 이가 없어 부드러운 유동식을 먹습니다. 딸은 그런 레옹이에게 때때로 수액까지 놓아주며 지극정성으로 돌보고 있습니다.

　저는 앞을 보지 못하는 늙고 불구인 몸으로 힘겹게 걸어가는 레옹이를 보며 늘 측은한 마음을 가졌습니다. 하지만 레옹이는 오늘도 살기 위해, 보이지 않는 눈과 절뚝이는 다리로 필사적으로 먹이통을 향해 나아가고 있었습니다. 그 작은 생명의 강인한 몸짓 앞에서 저는 큰 충격을 받았습니다.

　문득 제 자신을 돌아보았습니다. 멀쩡한 사지를 가지고 있으면서 진짜 '정신적 장애인'은 아니었던가. 나날이 흐려지는 기억력, 홀로 여행을 떠나지 못하는 소심함, 불의를 보고도 침묵하는 비겁함, 누군가에게 기대고만 싶은 나약함, 그리고 회개하고 또다시 죄를 짓는 신앙적 나태함까지….

　그렇습니다. 레옹이가 아닌, 바로 제가 진짜 장애인이었습니다.

　하지만 몸의 일부가 불편하다고 해서 정신까지 무너져 내릴 수는 없습니다. 레옹이도 저렇게 살기 위해 애쓰지 않습니까. 힘을 내야 합니다. 다시 일어서야 합니다.

　다친 다리를 고치고, 아픈 허리도 곧추세우고 나면, 그때는 꼭 미루지 않으렵니다. 건강이 허락하는 날까지 세상을 여행하고, 도움이 필요한 곳에 기꺼이 손을 내미는 삶을 살겠습니다.

　"하나님, 부디 저에게 그런 기회를 허락하소서........"

4장.
편견을 비추는 거울

…색소폰을 분다는 것은 온몸의 숨을 악기에
불어넣는 고된 노동입니다.
한바탕 에너지를 쏟아내고 잠시 쉬어갈 때면,
저는 연습실 한편에서 차를 마시며
다른 회원들과 이야기를 나누곤 합니다.

만기 출소

복숭아뼈에 금이 간 지 예순여섯 날, 오늘 저는 66일 만의 만기 출소를 했습니다. 굳었던 발목으로 페달을 밟는 감각은 어색했지만, 마음만은 훨훨 날아 색소폰 연습실로 향했습니다.

몇 달 만에 품에 안은 색소폰은 묵직하면서도 따스했고, 첫 음을 불어내는 순간, 억눌렀던 모든 감정이 선율이 되어 터져 나왔습니다. 그 소리는 마치 하늘을 향해 춤을 추듯 자유롭게 울려 퍼졌습니다. 두 시간도 힘겹던 예전과 달리, 오늘은 세 시간을 꼬박 연주해도 지치지 않았습니다. 이것이 바로 자유의 기쁨이고, 살아있음의 감사였습니다.

그 기쁨이 얼마나 큰지 알려면, 제가 지나온 창살 없는 감옥을 먼저 이야기해야 합니다. 목발에 의지하는 일, 휠체어로 문턱을 넘는 일, 샤워를 하다 균형을 잃고 넘어져 며칠을 끙끙 앓았던 일. 그 모든 것은 당연했던 일상이 얼마나 큰 축복이었는지를 깨닫게 하는 형벌과도 같았습니다. 몸이 묶이자 마음도 따라 무기력해졌고, 외출을 포기한 채 누워 지내는 날들은 끝이 보이지 않는 터널이었습니다.

그 어두운 터널 속에서 저는 죄인이 되었습니다. 누워서 책을 잡은 팔이 아파오고, TV 채널을 돌리다 이내 꺼버리는 무료한 시간 속에서, 저는 지나온 날들의 허물을 되짚었습니다.

요양병원에 계신 어머니를 더 자주 찾아뵙지 못한 죄, 술 좋아하시던 아버지를 이해하기보다 미워했던 죄, 가족들에게 더 따뜻하지 못했던 죄. 무엇보다 나의 욕심을 따라 살며 하나님 앞에 바로 서지 못했던 모든 순간이 죄로 다가왔습니다.

'나는 죄인이니 이리 갇혀있는 것이 마땅하다'는 생각에 이르자, 문득 수년의 세월을 진짜 감옥에서 보내는 이들의 고통이 얼마나 클지 헤아려 보게 되었습니다.

그러던 어느 새벽, 저는 성경 속에서 저와 같은 고통으로 부르짖는 한 사람을 만났습니다. 바로 욥이었습니다. 모든 것을 잃고 재 위에 앉아 질그릇으로 몸을 긁으며 탄식하는 그의 절규가, 마치 제 마음을 대변하는 듯 가슴을 파고들었습니다.

"내가 여러 달째 고통을 받으니, 고달픈 밤이 내게 작정 되었구나. 누우면 '언제나 밤이 갈까' 하며 새벽까지 이리 뒤척 저리 뒤척 하는구나. …나의 날은 베틀의 북보다 빨라 희망 없이 가는구나."

욥은 하나님을 향해서도 원망처럼 들리는 기도를 쏟아냈습니다. 왜 나를 과녁으로 삼으셨냐고, 어찌하여 내 허물을 용서하지 않으시냐고. 그의 처절한 고통 앞에서 저의 아픔은 차라리 사소한 투정에 가까웠지만,

잠 못 들던 밤의 뒤척임과 '왜 나에게'라고 묻던 그 막막한 심정만큼은 깊이 공감할 수 있었습니다.

욥의 고통을 가슴에 새겨서일까요. 오늘 연습실에서 터져 나온 제 연주는 그 어느 때보다 애틋하고 기뻤습니다. 욥의 고통에 비하면 아무것도 아닌 제 '만기 출소'가 이토록 기쁜데, 오랜 세월을 견디고 세상으로 나온 이들의 기쁨은 또 얼마나 크겠습니까.

더욱 놀랍고 감사한 것은, 뜻밖의 선물이었습니다. 그토록 저를 괴롭혀 수술까지 받아야 한다던 허리 통증이, 두 달 남짓 누워 지내는 동안 거짓말처럼 사라진 것입니다. 시련 속에 감춰진 하나님의 예기치 못한 축복이라 믿습니다. 이제부터는 새로운 지혜로 이 몸을 더욱 소중히 돌보려 합니다.

건강은 재산이 아니라, 그 자체로 은혜이고 축복입니다. 오늘, 저는 온몸으로 그 진리를 연주했습니다.

시골에서의 마지막 예배

두 달 넘는 파주에서의 요양을 마치고, 시골 생활을 정리하려 잠시 내려왔습니다. 허리를 구부리면 안 된다는 의사의 당부 때문에 풀과의 전쟁도 다음을 기약한 채, 저는 서둘러 짐을 꾸렸습니다. 그리고 시골에서의 마지막 예배를 드리기 위해 정든 교회로 향했습니다.

그날 목사님은 하나님과의 관계를 가로막는 '질투'라는 감정에 대해 말씀하셨습니다. 야고보서의 한 구절이 제 마음에 깊이 박혔습니다.
"샘이 한 구멍으로 어찌 단물과 쓴물을 내겠느뇨." 한 입으로 주님을 찬양하며, 어찌 동시에 남을 시기하고 미워할 수 있겠냐는 물음이었습니다.

목사님은 시기와 질투의 뿌리가 얼마나 깊고 악한지를 보여주는 두 가지 이야기를 들려주셨습니다.

하나는 천사를 만난 두 여인의 이야기였습니다. 먼저 소원을 말하는 이에게는 그대로, 두 번째로 말하는 이에게는 첫 번째 소원의 갑절을 들어주겠다는 천사의 제안. 욕심 많은 여인도, 질투 많은 여인도 서로 먼저 말하려 하지 않았습니다. 상대가 나보다 두 배의 복을 받을 것을 견딜 수 없었기 때문입니다. 결국, 멱살까지 잡히고 나서야 질투 많은 여인이 소원을 말했습니다.

"제 소원은, 제 눈 하나가 머는 것입니다."

자신의 눈을 희생해서라도, 상대의 두 눈을 모두 멀게 하고 싶었던 그 끔찍한 마음. 축복의 기회 앞에서 나도 망하고 남도 망하게 하는 것이 바로 질투의 본모습이었습니다.

다른 하나는 '게 잡이 바구니에는 뚜껑이 없다'는 이야기였습니다. 한 마리가 기어오르면 다른 놈이 그 다리를 물고 늘어지고, 또 다른 놈이 그 위에 엉겨 붙어 결국 모두 함께 주저앉고 만다는 것입니다. 그 바구니는 마치 서로가 서로를 감시하며 살아가는 우리네 작은 시골 마을의 모습 같아 섬뜩하기까지 했습니다.

말씀을 듣는 내내, 저는 외면하고 싶었던 제 안의 어두운 샘을 들여다보아야 했습니다.

종갓집 맏며느리로 딸만 둘을 낳았을 때, 아들을 낳은 동서들을 보며 속상해하던 그 마음. 대를 이어야 한다는 의무감 이전에, 쓰라린 질투가 먼저였습니다.

남편을 먼저 떠나보내고 홀로되었을 때, 경치 좋은 곳으로 여행 간 동생 부부의 행복한 사진을 보며 마음 한구석이 시려오던 그 감정. '동생들의 행복이 내 행복이지'라며 애써 자신을 다독였지만, 그 이면에는 사랑하는 이와 함께하지 못하는 저 자신에 대한 서글픔과 부러움이 숨어 있었습니다. 부끄러운 고백이지만, 그것이 제 솔직한 모습이었습니다.

그 부끄러운 고백은 거기서 멈추지 않았습니다. 시기라는 거울은 제 개인의 삶을 넘어, 매일 뉴스를 통해 마주하는 이 나라의 모습까지도 비추고 있었습니다.

골리앗을 물리친 다윗에게 백성들이

"사울이 죽인 자는 천천이요, 다윗은 만만이라"

환호했을 때, 사울 왕은 그 어린 다윗을 향한 질투심에 사로잡혀 스스로 무너지고 말았습니다.

저는 뉴스를 볼 때마다 이 땅의 정치인들에게서 사울의 모습을 봅니다. 서로 물고 뜯지 않으면 살아남지 못하는 바구니 속 게들의 모습, 나 하나의 손해를 감수하더라도 상대에게 더 큰 불행을 안기려는 두 여인의 모습이 바로 저곳에 있었습니다.

가장 존경받아야 할 이들이 나라의 미래를 위하기보다, 서로를 끌어내리는 데 모든 지혜와 에너지를 쏟고 있는 현실이 너무나 안타깝습니다. 그 힘을 모아 경제, 사회, 문화와 교육을 살리고, 얼어붙은 남북 관계를 푸는 데 쓴다면 얼마나 좋을까요. 힘없는 백성인 저는 그저 나라를 위해 기도할 뿐입니다.

"시기와 다툼이 있는 곳에는 혼란과 모든 악함이 있다."는 말씀처럼, 결국 이 모든 악한 감정은 우리의 삶을 소모시킬 뿐입니다.

오늘 설교의 마지막 말씀이 제게 큰 가르침을 주었습니다. 시기심이 고개를 들 때면 먼저 그 생각을 멈추고, 죄짓는 입에 파수꾼을 세워 다스릴 줄 알아야 한다는 것.

시골집을 떠나 새로운 곳으로 향하는 이 길 위에서, 이제는 제 마음의 샘을 정화해야 할 때입니다. 쓴물을 걷어내고, 오직 위로부터 오는 지혜의 단물만이 흐르도록. 저 자신과 이 나라가 더는 서로 물고 먹으며 멸망하지 않도록, 화평으로 심어 의의 열매를 거두게 해달라고, 오늘 저는 조용히 기도했습니다.

소주 먹은 황구 이야기

색소폰을 분다는 것은 온몸의 숨을 악기에 불어넣는 고된 노동입니다. 한바탕 에너지를 쏟아내고 잠시 쉬어갈 때면, 저는 연습실 한편에서 차를 마시며 다른 회원들과 이야기를 나누곤 합니다.

얼마 전, 그 자리에서 소프라노 색소폰을 참 아름답게 부는 체육관 관장님 한 분을 알게 되었습니다.

우연히 나눈 이야기 속에서, 제가 예전에 근무했던 곳이 그의 아버지 고향이라는 사실을 알게 되자 어색함은 금세 반가움으로 바뀌었습니다. 그는 신이 나서 어릴 적 족대로 미꾸라지를 잡던 추억을 풀어놓았습니다.

짓궂은 형제들보다 건넛집 할아버지 댁의 누렁이 '황구'와 노는 것이 더 좋았다는 그의 입에서, 잊지 못할 유년의 한 조각이 흘러나왔습니다.

"…그런데 어느 날, 건넛집 할아버지가 돌아가셨어요. 그날도 저는 황구와 놀고 있었는데, 마루에 쌓인 소주병을 보고 문득 호기심이 생겼죠. '개한테 소주를 먹이면 어떻게 될까?' 그래서 형과 함께 황구에게 소주 반병을 억지로 먹였어요. 그랬더니 이놈이 비틀거리며 걷다가,

할아버지 관 바로 옆에 픽 쓰러지는 거예요. 그러고는 머리가 깨질 듯이 아팠나 봐요. 몇 시간 동안 '아앙! 아앙!' 하고 온 동네가 떠나가라 울부 짖는 겁니다."

그때, 방 안에서 고스톱을 치던 동네 어른들을 물끄러미 보던 할머니가 황구를 향해 나지막이 말씀하셨습니다.

"자식들도 저리 고스톱만 치고 있는디… 개는 지 주인 죽었다고 저렇 게 슬피 우는 거 봐라. 나는 못 혀! 저놈은 우리랑 함께 살아야 혀. 나는 못 혀!"

실은 그 닷새 뒤, 황구는 죽을 운명이었습니다. 자기 집 개는 차마 못 잡는다 하여 옆집 개와 바꿔 잡아먹기로 약속이 되어 있었던 것입니다. 하지만 주인 곁에 쓰러져 목 놓아 우는(것처럼 보이는) 황구를 본 할머 니의 마음이 움직여, 그 약속을 차마 지킬 수 없다고 선언한 것이었습 니다.

어린 소년은 차마 진실을 말할 수 없었습니다. 자기가 장난삼아 먹인 소주 때문에 황구가 고통스러워한다는 사실을 고백하는 순간, 황구는 다시 죽을 목숨이라는 것을 알았기 때문입니다.

사람도 과음하면 길바닥에 쓰러져 고통을 호소하는데, 말 못 하는 짐 승이 겪었을 그 고통은 오죽했을까요. 하지만 아이러니하게도, 그 처절 한 고통의 울부짖음이 인간에게는 세상 가장 깊은 슬픔과 의리로 해석

되었습니다. 어린아이의 짓궂음은 호기심과 짐승의 극심한 고통, 그리고 그것을 '충심'으로 끌어안은 할머니의 오해. 이 세 가지가 절묘하게 맞물려 한 생명을 죽음의 문턱에서 구해낸 것입니다.

어쩌면 진실이란, 우리가 보는 단 하나의 얼굴만 가지고 있지 않은지도 모르겠습니다. 그날, 차 한잔 앞에서 들었던 이야기는 제게 오래도록 잊히지 않을 삶의 한 장면이 되었습니다.

대왕암공원과 통도사를 찾아

여행 둘째 날의 아침, 맑고 화창한 날씨는 완연한 가을의 축복을 예고하고 있었습니다. 저는 옷장 속에 아껴두었던 붉은 외투를 처음으로 꺼내 입고, 설레는 마음으로 길을 나섰습니다.

내비게이션에 '대왕암'을 찍고 달리자, 차창 밖으로 파란 하늘이 그린 동화가 펼쳐졌습니다. 오른쪽에는 새하얀 양떼구름이, 왼쪽에는 잔잔한 조개구름이, 저 멀리 앞에는 달콤한 솜사탕 구름이 떠다니는 풍경은 그 자체로 한 폭의 그림이었습니다.

울산의 작은 도시들을 지날수록 거대한 트럭과 레미콘들이 분주히 오가는 모습은, 이곳이 대한민국 산업의 심장임을 말해주는 듯했습니다.

이내 바다 위를 나는 듯한 울산대교를 건너자, 거짓말처럼 수백 년은 족히 되었을 아름드리 소나무 숲이 우리를 맞았습니다. 하늘을 향해 힘차게 뻗은 저 소나무들은 얼마나 많은 역사를 기억하고 있을까요. 어젯밤, 전에 같이 근무했던 한 사람의 인생사가 대하소설처럼 느껴졌는데, 수 세기를 살아온 저 소나무들은 우리에게 얼마나 많은 이야기를 들려주고 싶을지…… 그러나 소나무들은 그저 묵묵히 우리를 바라보며, 바르게 잘 살아가라는 축복을 건네는 듯했습니다.

대왕암공원에 들어서자, 붉은 꽃무릇(석산)이 거대한 소나무 숲 아래 융단처럼 펼쳐져 장관을 이루고 있었습니다. 사람들은 저마다 그 황홀한 풍경을 카메라에 담느라 여념이 없었고, 그 사이를 노랗게 노닐던 유치원 아이들이야말로 가장 소중한 꽃들이라 생각했습니다.

가까이 다가가 본 꽃무릇 한 송이는 그 자체로 신비였습니다. 긴 꽃대 위에서 우산살처럼 펼쳐진 붉은 수술들은, 감히 흉내 낼 수 없는 조물주의 솜씨와 영광을 드러내고 있었습니다.

소나무 숲을 지나자, 상큼한 바닷바람과 함께 옥색 바다가 눈앞에 펼쳐졌습니다. 하얀 물보라를 일으키며 춤추는 파도 너머, 위엄 있게 자리한 저 바위가 바로 문무대왕의 굳은 맹세가 서린 대왕암임을, 파도 소리가 일러주는 듯했습니다. 죽어서 용이 되어 나라를 지키겠다던 왕의 유언. 그 애국심 앞에 지금의 우리와 정치인들의 모습을 떠올리니, 나라를 위해 애쓰신 조상들께 죄송한 마음이 들었습니다.

대왕암을 나와 뜨끈한 대구탕으로 점심을 먹고, 우리는 한국 불교의 심장과도 같은 통도사로 향했습니다. 양산 영축산 자락에 자리한 통도사는 발길 닿는 곳마다 국보요 보물이니, 이곳은 거대한 사찰이 아니라 살아 숨 쉬는 박물관과 같았습니다. 유네스코 세계유산이라는 명성에 걸맞게, 입구의 '무풍한솔길' 소나무 숲부터 태고의 역사를 말하는 듯했고, 길은 휠체어도 편히 다닐 수 있도록 잘 정비되어 있었습니다.

통도사 대웅전에는 부처상이 없습니다. 부처의 진신사리를 모셨기에, 형상을 따로 둘 필요가 없다는 그 깊은 뜻이 경내를 더욱 성스럽게 만들었습니다. 저마다의 소원을 적은 기와와 하늘에 매달린 오색찬란한 등들을 보며, 사람 사는 소망은 다 비슷하리라는 생각에 잠시 잠겨 보았습니다.

우리의 여정은 통도사에 속한 작은 암자, 서운암으로 이어졌습니다. 그곳으로 오르는 길에서 저는 생전 처음 보는 꽃을 만났습니다. 사람 키만큼 자란 풀의 끝에, 접시만 한 연노랑 꽃이 찰랑이고 있었습니다. 종가를 지키는 손 큰 며느리의 손처럼 넉넉해 보이는 그 꽃의 이름은 '닥꽃(금화규)'이었습니다. 천 년을 가는 한지의 원료가 바로 이 꽃의 뿌리에서 나온다는 사실은 놀라운 발견이었습니다.

서운암에 도착하자 또 다른 놀라움이 기다리고 있었습니다. 해인사에 팔만대장경이 있다면, 이곳 서운암에는 '16만 도자대장경'이 있다는 것이었습니다. 이는 단순히 팔만대장경을 흙으로 옮긴 복제품이 아니었습니다. 불과 습기에도 영원히 말씀을 보존하고자 했던 한 스님의 뜨거운 서원이, 22년의 세월을 거쳐 빚어낸 이 시대의 새로운 대장경이었습니다.

닥꽃과 도자대장경. 오늘의 여정은 제게 두 가지 큰 배움을 선물했습니다. 서운암에서 내려다보는 세상은 유난히 더 아름다웠습니다. 그것은 아마도 제 마음이 새로운 앎의 기쁨과 보람으로 가득 찼기 때문일 것입니다.

부산의 바위와 파도, 그리고 아쉬움 한 조각

부산에서의 셋째 날 아침, 하늘에 구름이 많다는 예보는 오히려 선물처럼 느껴졌습니다. 덕분에 한낮의 더위 걱정 없이 태종대로 향하는 길은 쾌적하기만 했습니다.

몸이 성했다면 초록으로 우거진 숲길을 걸어 선착장까지 내려갔겠지만, 저는 아픈 다리와 허리를 생각해 셔틀버스에 몸을 실었습니다. 경사가 급한 꼬불꼬불 난코스를 거침없이 달리는 버스 안에서 작은 두려움을 느끼는 사이, 어느새 유람선 선착장에 도착했습니다.

갈매기들에게 던져줄 새우깡 한 봉지를 사 들고 유람선에 오르니, 시원한 바닷바람이 먼저 우리를 반겼습니다. 신라의 태종무열왕이 그 절경에 반해 활쏘기를 즐겼다 하여 '태종대'라는 이름이 붙었다는 이야기는, 눈앞의 풍경만으로도 충분히 고개가 끄덕여졌습니다.

40분 남짓 섬을 도는 동안, 눈앞에는 수억 년의 파도가 깎고 다듬은 자연의 걸작들이 파노라마처럼 펼쳐졌습니다. 병풍바위, 신선바위라 불리는 기암괴석들은 저마다의 신비를 뽐냈고, 짙푸른 바다와 대조를 이루는 숲의 녹음은 눈을 시리게 할 만큼 아름다웠습니다.

그중에서도 절벽 위에 홀로 우뚝 선 영도등대는 태종대의 상징이었습니다. 지난 100년간 부산항의 길목을 지키며 수많은 배들에게 영롱한 불빛으로 길을 안내했을 등대. 낡은 시설을 대신해 2004년 새로 지어졌다는 현재의 등대는, 40km 밖까지 뻗어 나가는 강한 불빛으로 여전히 그 소임을 다하고 있었습니다. 말없이 바다를 밝히는 저 숭고한 희생에 절로 고맙다는 생각이 들었습니다.

아찔한 절벽 위 전망대에서는 날이 흐려 일본의 대마도까지는 볼 수 없었지만, 노래 가사에 등장하던 오륙도가 아련하게 시야에 들어왔습니다. 시간이 맞지 않아 아기자기한 몽돌해변의 풍경과 아름다운 일몰을 보지 못한 것은 작은 아쉬움으로 남았습니다.

태종대의 장엄한 풍경을 뒤로하고, 우리는 삶의 활기가 넘치는 자갈치시장으로 향했습니다. 말로만 듣던 그곳에 들어서자, 비릿하면서도 기분 좋은 바다 내음과 함께 싱싱한 해산물들이 즐비하게 펼쳐져 있었습니다. 유난히 크고 살이 오른 갈치와 고등어, 오징어는 값마저 저렴해, 저는 망설임 없이 좋아하는 갈치 한 상자를 사서 딸에게로 보냈습니다. 여행 중에 만나는 이런 소소한 기쁨이야말로 큰 행복입니다.

시장 가게마다 고소한 냄새를 풍기며 구워놓은 생선들이 발길을 붙잡았습니다. 저 역시 그 맛을 보고 싶었으나, 미리 구워놓은 것이 마음에 들지 않는다는 동행인의 말에 아쉽게 발길을 돌려야 했습니다.

결국, 그 짭조름한 바다의 맛을 입에 담지 못한 채, 우리는 시장을 나섰습니다. 어쩌면 여행이란, 눈에 담은 훌륭한 풍경만큼이나 이렇듯 채우지 못한 작은 아쉬움으로도 오래도록 기억되는 것인지도 모르겠습니다.

포항의 바다, 전설과 기억을 걷다

 어젯밤, 동생 내외와 함께 거닐었던 포항 여남 해상 스카이워크의 황홀한 불빛이 아직도 눈에 선합니다. 바다 위를 둥글게 감싸 안은 463m의 다리는 오색 빛으로 반짝였고, 그 빛은 밤바다에 부서지며 꿈같은 풍경을 만들어냈습니다. 그 환상적인 밤의 기억을 안고, 우리는 아침 일찍 포항의 더 깊은 이야기 속으로 들어갔습니다.

 차를 달려 도착한 곳은 '연오랑과 세오녀 마을'. 이곳의 바람에는 해와 달의 빛을 잃었던 신라의 탄식이, 파도 소리에는 일본으로 건너가 왕과 왕비가 된 부부의 전설이 실려있는 듯했습니다.
 남편과 아이들의 본관인 '연일(延日) 정씨'가 이 아득한 이야기에서 비롯되었을지도 모른다는 생각에, 풍경은 문득 아련한 족보의 한 페이지처럼 다가왔습니다. 아직 문을 열지 않은 귀비고(貴妃庫)의 닫힌 문 앞에서, 나는 천오백 년 전 세오녀가 짰다는 비단을 상상해 보았습니다.
 태풍에 쓰러진 나무와 쓸려나간 황금사철의 흔적이 안타까웠지만, 정겹게 마주 보고 누운 거북바위 한 쌍이 부부의 영원한 사랑을 말해주는 듯해 위로가 되었습니다.

우리는 이내 동해 해파랑길의 일부를 걸었습니다. 걷기 여행자들이 두 번째로 많이 찾는다는 이 길은, 푸른 해변과 백사장, 기암괴석이 절묘한 조화를 이루며 왜 그토록 사랑받는지 스스로 증명하고 있었습니다. 절벽마다 무리 지어 자라는 쑥부쟁이는, 가을이 깊어지면 보랏빛으로 또 다른 절경을 선물하리라 약속하는 듯했습니다.

　다음 목적지는 한반도의 지도를 호랑이의 몸에 비유할 때, 그 꼬리에 해당하는 호미곶이었습니다. 새해 첫해를 가장 먼저 맞는다는 이곳 광장에는, 2만 명분의 떡국을 끓일 수 있다는 거대한 가마솥이 떡 하니 자리하고 있었습니다. 그 엄청난 규모에 감탄하면서도, '떡국이 붇지는 않을까' 하는 소박한 걱정이 드는 것은 어쩔 수 없었습니다.

　모두의 시선이 향하는 곳은 역시 바다였습니다. 바다 한가운데에 하늘을 향해 펼쳐진 오른손, 그리고 육지에서 그 손을 마주 보는 왼손. '상생의 손'이라 불리는 이 조각상의 손가락 하나하나에 갈매기들이 일렬로 앉아 우리를 바라보는 풍경은, 마치 살아 있는 약속처럼 느껴졌습니다.

　그 뒤편으로는 프랑스인이 설계했다는 길쭉하고 이국적인 등대가 서 있었습니다. 일본 선박의 침몰 사고를 계기로 세워졌다는 등대의 사연은, 이 아름다운 바다가 품은 역사의 한 단면을 보여주는 듯했습니다.

　여정의 마지막은 드라마 '동백꽃 필 무렵'의 촬영지인 구룡포 일본인

가옥 거리였습니다. 드라마의 장면들을 떠올리며 걷는 길은 정겨웠지만, 말끔하게 단장된 일본식 가옥들은 일제강점기의 쓰라린 흔적이라 생각하니 마음 한편이 아려왔습니다. 주인공 동백이가 운영하던 가게 '카멜리아'는 붉은 우체통과 함께 그대로 있었지만, 점심시간이라 문이 잠겨 안을 들여다볼 수 없는 것이 못내 아쉬웠습니다.

아름다운 풍경과 아픈 역사가 공존하는 곳, 그 복잡한 마음을 위로해 준 것은 역시나 탁 트인 구룡포의 바다였습니다.

그리고 그 길의 끝에서, 저는 문득 해병대 부대 하나를 마주했습니다. 아버지가 포항에서 해병대로 복무하셨다는 이야기가 떠올랐습니다. 저곳이었을까. 아득한 신라의 전설과 근대의 아픈 흔적, 그리고 드라마 속 추억을 따라 걸었던 오늘의 여정은, 결국 아버지의 시간과 마주하며 끝을 맺었습니다.

포항의 바다는 제게 수많은 이야기를 들려주고, 마지막에는 가장 그리운 이름 하나 '아버지'를 파도 소리에 실어 보내주었습니다.

아버지의 가을, 5남매의 노래

　아버지의 기일이 가까워진 개천절 연휴, 우리 5남매는 부모님의 온기가 남은 시골집에 모두 모였습니다. 어버이날이 어머니의 기일이고, 개천절이 아버지의 기일인 것은, 자식들이 마음 편히 모여 늘 화목하기를 바라셨던 부모님의 마지막 배려였을 거라 우리는 믿습니다.

　아침 일찍 온천에 가서 목욕을 하고 돌아온 우리는, 우리들의 옛집 거실에서 우리만의 예배를 드렸습니다. 목사와 사모, 장로와 권사, 집사. 5남매 모두가 각자의 자리에서 주님을 섬기고 있으니, 인도자나 설교자를 걱정할 필요가 없었습니다. 함께 찬송하고 기도하는 시간은 그 자체로 부모님이 남겨주신 가장 큰 유산이었습니다.

　예배를 마친 우리는, 아무도 가보지 않은 보령 죽도의 '상화원'으로 향했습니다. 맑은 하늘 아래 솔솔 부는 바람이 상쾌했고, 차창 밖으로는 황금빛으로 물결치는 논과 햇살 아래 주렁주렁 익어가는 사과가 풍요로운 가을을 노래하고 있었습니다. 그 풍경에 취한 우리의 흥겨움은 어느새 노래가 되어 차창 밖으로 울려 퍼졌습니다.

어헤라 친구야, 내 꿈은 하늘이라
저 넓은 대지를 포근히 감싸는
내 꿈은 하늘이로다

에헤라 친구야, 내 꿈은 구름이라
파란 하늘 아래 한가로이 떠가는
내 꿈은 구름이로다

에헤라 친구야 내 꿈은 바람이라
하늘과 땅 사이 뜻대로 오가는
내 꿈은 바람이로다

에헤라 친구야, 내 꿈은 꽃잎이라
아침이슬 먹고 햇살에 싱싱한
내 꿈은 꽃잎이로다

에헤라 친구야, 내 꿈은 사랑이라
착하고 해맑은 맘속에 피어난
내 꿈은 사랑이로다.

노랫말 하나하나가 마치 우리의 마음 같아, 자연과 우리는 경계 없이 하나가 되었습니다.

　한 시간 남짓 달려 도착한 상화원은 연휴를 맞아 나들이 나온 인파로 북적였습니다. 입구의 한 빗돌이 이곳이 품은 역사의 무게를 말해주었습니다. 고려의 충신 임향(任珦)이 불의에 맞서다 귀양 왔던 곳. 왕조가 바뀌었음에도 끝내 절개를 지키며 초야에 묻힌 그의 강직한 삶이 이곳에 서려 있었습니다. 임진왜란 때 나라를 구한 사명대사가 그의 현손이라는 사실은, 이곳을 더욱 의미 있는 공간으로 느끼게 했습니다.

　상화원은 섬 전체가 하나의 거대한 정원이었습니다. 세월을 머금은 소나무와 단아한 한옥들, 그리고 섬 가장자리를 따라 끝없이 이어진 지붕 덮인 회랑. 세계에서 가장 길다는 이 회랑은 비가 오나 눈이 오나 이 아름다운 해변을 온전히 누릴 수 있도록 한 세심한 배려가 돋보였습니다.

　우리는 따뜻한 떡과 차를 나누어 먹으며, 평화로운 풍광 속에서 연신 사진을 찍었습니다. 다음에는 각자의 아이들까지 모두 데리고 꼭 다시 오자고, 몇 번이고 약속하면서 말입니다.

　인파에 밀려 늦은 점심을 먹기까지 40분을 꼬박 기다려야 했지만, 그 시간마저 오늘의 충만함 속에서는 소란스러운 배경음악처럼 느껴졌습니다.

　부모님이 물려주신 오래된 집에서 함께 예배하고, 아름다운 자연

속에서 한마음으로 노래하고, 역사의 향기 속에서 새로운 배움을 얻었던 하루.

아버지의 가을은 그렇게 우리 5남매의 마음속에 또 하나의 따뜻한 추억으로 아로새겨졌습니다.

나를 잊지 마세요

여느 때처럼 텔레비전 속 '열린음악회'를 보고 있었습니다. 웅장한 4중창과 화려한 바이올린 연주가 귀를 즐겁게 하던 그 순간, 한 테너의 목소리가 제 심장을 관통했습니다. 'Non ti scordar di me'… 바로 '물망초'였습니다.

정말 오랜만에 듣는 그 노래. 추운 이 땅을 떠나간 제비처럼 안녕의 인사도 없이 가버린 연인을 향한 애절한 호소. 그리고 메아리처럼 반복되는 한 마디, '나를 잊지 마세요'.

그 선율이 흐르는 순간, 가슴이 뭉클하며 걷잡을 수 없는 그리움이 밀려왔습니다. 가슴이 아려오니, 이걸 어찌하면 좋을까요.

그 노래는 저를 순식간에 시간을 거슬러, 남편이 있던 거실로 데려다 놓았습니다.

그는 먼 하늘을 바라보며 이 노래를 부르곤 했습니다. 호소력 짙은 그의 목소리가 이탈리아어 가사를 타고 애절하게 울려 퍼질 때면, 저는 슬그머니 심통이 나곤 했습니다.

"누구를 생각하며 부르는 노래야?"

불편한 마음을 숨기지 못하고 쏘아붙이는 제게, 남편은 씩 웃어 보이며 짧게 대답했습니다.

"당신."

그리곤 다시 노래에 깊이 빠져들었지요. 그때는 어리석게도, 그 노래의 주인이 내가 아닌 다른 누군가일 거라 질투했었습니다. 그런데 지금, 그는 세상에 없는데, 어째서 그 노래는 오롯이 나를 향한 그의 목소리로 들려오는 걸까요?

그의 풍성한 성량과 애절하던 표정이 바로 어제 일처럼 생생하게 떠올라, 그리움으로 가슴이 먹먹해지고 기어이 눈물이 흐릅니다.

나를 잊지 말아요.

나를 잊지 말아요.

나를 잊지 말아요….

사랑했던 사람은 세월이 흘러도 좀처럼 잊히지 않나 봅니다. 그를 떠나보내던 아픈 이별의 기억은 9년이 넘은 지금도 여전히 날카로운데, 함께 살며 할퀴었던 자잘한 상처와 나쁜 감정들은 빛바랜 사진처럼 흐려졌습니다.

귓가에 맴도는 '나를 잊지 마세요'라는 선율 위로, 사랑했던 남편의 얼굴이 사무치게 보고 싶습니다.

그리움이 당신의 얼굴로

저녁 녘, 네모난 화면 앞에 앉아
무심히 시간을 흘리고 있었네
낯선 테너의 목소리가
빗장 걸어 잠근 마음의 문을 열고
훅, 당신이 쏟아져 들어옵니다

'나를 잊지 마세요'
물망초라 했던가
그 노래, 온전히 당신의 것이었음을
이제야 나는 알아듣습니다

안녕의 말도 없이 떠나간 제비처럼
홀연히 가버린
당신의 마지막 인사였음을.

먼 곳을 보며 노래하던
그윽한 당신의 눈빛
어리석은 질투로 누구를 그리느냐 물었던 나
'당신'이라 웃던 그 한마디가

이제 와 천둥의 메아리가 되어
텅 빈 가슴을 칩니다

세월이 흘러
서운했던 기억은 빛이 바래도
당신 있던 자리의 선명한 빈틈은
아홉 번의 가을이 지나도 여전합니다

귓가엔 당신의 노래가 흐르는데
곁엔 당신이 없습니다
잊지 말아 달라던 그 애원이
잊을 수 없다는 나의 대답이 되어
오늘 밤,
그리움이 당신의 얼굴로 피어납니다.

내장산 단풍 기행

오랜만에 서산의 외사촌 동생 집을 찾았습니다. 며칠간 공들여 연습한 색소폰 듀엣곡 '님의 향기', '누이', '천상 재회'를 동생과 함께 맞춰 보고 싶은 마음에서였습니다. 오랫동안 색소폰을 불어온 동생이니, 제 미숙한 연주에도 능히 아름다운 화음으로 답해주리라 믿었습니다.

그런데 기도원인 그곳에서 예배를 드리고, 점심을 마치자마자 동생이 불쑥 내장산에 가자고 제안했습니다. 때마침 동생에게는 여행용 자동차 카라반이 있었습니다. 우리는 차에서 색소폰과 반주기를 내려 보지도 못한 채, 집으로 돌아가 부랴부랴 단출한 여행 채비를 했습니다.

오후 4시가 넘어 동생 내외가 저를 태우러 왔고, 우리는 카라반을 타고 내장산으로 향했습니다. 차를 타고 떠나는 여행이라는 사실만으로도 마음이 설렜습니다. 차창 밖으로는 추수가 끝나지 않은 들녘이 황금빛으로 물결쳤고, 밭에는 통통하게 살이 오른 배추들이 겨우내 먹을 김장을 기다리고 있었습니다. 마을마다 감나무에는 주홍빛 감이 탐스럽게 열렸고, 부지런한 농부들은 벌써 곶감을 널어 말리느라 분주한 모습이었습니다. 길가의 산과 들에는 노란 미국미역취가 가을바람에 춤을 추며 우리를 반겼습니다. 생태 교란종이라는 사실이 안타깝긴 했지만, 그 또한 꽃이기에 피어있는 모습은 아름다웠습니다. 문득 저 꽃들이 황순원 작가의 소설 '소나기'에 나오는 마타리꽃이었다면 얼마나 좋았을까, 하는 부질없는 욕심도 부려보았습니다.

서산으로 기우는 저녁노을은 찬란했고, 우리는 삼천리 금수강산이 참으로 아름답고 기름진 땅임을 새삼 이야기하며 감사 기도를 올렸습니다. 점심을 맛있게 먹어 시장기는 없었지만, 휴게소에 들러 따끈한 잔치국수 한 그릇으로 저녁을 대신했습니다.

어느덧 캄캄한 밤이 되어 내장산에 도착했습니다. 주변 건물과 가로등 불빛이 어둠 속에서 보석처럼 빛났습니다. 우리는 적당한 곳에 차를 세우고 하룻밤을 청했습니다.

생전 처음 겪는 카라반에서의 밤. 춥거나 좁지는 않을까 걱정했지만, 기우였습니다. 3층으로 꾸며진 내부는 1, 2층에 짐을 넣고 3층은 아늑한 침실이었습니다. 물매트와 전기매트 덕분에 등은 따뜻했고, 세 사람이 눕기에도 부족함이 없었습니다.

동생이 제게 "누님도 카라반 하나 사서 실컷 여행 다니시라"며 웃었습니다. "함께 다닐 사람이 없으니…"라며 저도 따라 웃었습니다.

다음 날 아침, 찌개를 끓여 든든히 배를 채우고 내장산 주차장으로 향했습니다. 이른 시간임에도 벌써 여러 대의 차가 와 있었습니다. 수술한 복숭아뼈와 아픈 허리 때문에 오래 걷기 힘든 저는 콜택시를 타고 오르기로 했습니다. 결과적으로는 기사님의 해설까지 곁들여 들을 수 있었으니 참 잘한 선택이었습니다.

우리가 택한 길은 순창으로 향하는 아흔아홉 구비, 갈재길(추령길)이 었습니다. 일제강점기, 일본인들이 우리 땅의 곡식을 수탈해 남해의 배로 실어 나르던 가슴 아픈 약탈로였다고 합니다. 손수레나 겨우 다니던 좁은 길을 박정희 대통령 시절 새마을운동으로 넓혀 지금의 모습이 되었다고 하니, 역사의 아이러니가 느껴졌습니다.

기사님의 설명은 계속되었습니다. 우리나라에는 총 15품종의 단풍나무가 있는데, 이곳 내장산에만 11품종이 자생하며 그중 80%가 바로 '애기단풍'이라고 합니다. 잎이 아기 손처럼 작고 햇빛이 투과될 만큼 얇아 붙여진 이름이라는 이야기에 고개가 끄덕여졌습니다.

캐나다 국기에 그려진 단풍은 수액으로 메이플 시럽을 만드는 '설탕단풍'인데, 내장산에도 같은 종류의 나무가 있고 우리는 이를 '고로쇠단풍'이라 부른다는 사실도 흥미로웠습니다.

산 정상에는 장군봉, 연자봉, 신선봉 등 아홉 개의 봉우리가 말발굽 형태로 늘어서 있었습니다. 케이블카 너머로 보이는 팔각정이 바로 내장산의 풍경을 한눈에 담을 수 있는 전망대라 했습니다. "단풍이 절정입니다"라는 방송이 나오고 5일쯤 뒤에 와야 진짜 절정을 볼 수 있지만, 그때는 인파에 치여 지금 같은 호젓함을 누릴 수는 없을 거라는 기사님의 말에, 오늘 오기를 참 잘했다는 생각이 들었습니다.

아홉 봉우리 중 유일하게 등산로가 없는 월령봉은 '달도 쉬어가는 봉우리'라는 이름처럼 그 모양이 여인의 젖가슴을 닮아 오르는 것을 허락하지 않는다는 익살스러운 설명에 웃음이 터졌습니다.

저 멀리 부처님이 푸른 가사를 걸치고 옆으로 앉아있는 듯한 '부처님 바위'도 보였습니다. 며칠 뒤 단풍이 더 짙어지면 붉은 가사로 갈아입을 거라는 말이 시처럼 들렸습니다. 그 아래로는 200년 넘은 소나무를 이고 선 '기자바위'가 늠름하게 서 있었습니다.

가장 가슴 벅찼던 이야기는 '조선왕조실록'에 관한 것이었습니다. 일제가 우리 역사를 말살하기 위해 전국의 서고를 불태울 때, 정읍의 의인 몇 분이 전주사고의 실록을 이곳 내장산 용굴에 숨겨 300일 넘게 지켜냈다고 합니다. 이 소식을 들은 일본군이 쳐들어오자, 내장사 스님들이 맨몸으로 맞서 싸우며 시간을 벌었고, 그 고귀한 희생 덕분에 실록이 무사히 빠져나와 오늘날 우리에게 전해질 수 있었다는 것입니다. 아홉 봉우리 중 유일하게 사람의 이름을 딴 '장군봉'이 바로 그 스님들의 숭고한 넋을 기리기 위한 이름이라는 설명에 가슴이 먹먹해졌습니다. 불타버린 문화재를 생각하면 분노가 치밀었지만, 목숨을 바쳐 역사를 지켜낸 이름 모를 의인들과 스님들께 무한한 감사를 느꼈습니다.

차에서 내리자 기사님이 마스크를 벗고 향기를 맡아보라고 했습니다. 솜사탕처럼 달콤한 향기가 코끝을 간질였습니다. 기사님은 동요 '반달'을 부르며 향기 나는 그 나무가 바로 '계수나무'라고 알려주었습니다.

잎은 하트 모양이었고, 벌레를 유혹해 수정을 하려고 이런 달콤한 향기를 낸다고 합니다. 신기한 마음에 떨어진 계수나무 잎 몇 장을 주워 호주머니에 넣고, 그 향기를 맡으며 박물관으로 걸어 들어갔습니다.

산림박물관에서는 600년 수령의 느티나무 뿌리로 만든 거대한 공예작품과 만 원짜리 지폐 속 세종대왕 뒤에도 그려져 있다는 '일월오봉도'를 감상했습니다. 밖으로 나오니 백일홍이라 불리는 '배롱나무'와 겨울에 귀한 꽃을 피우는 '구골나무'가 우리를 맞았습니다.

설명을 들으며 곧바로 이동하느라 마음껏 사진을 찍지 못한 것이 내내 아쉬움으로 남았습니다. 하지만 보고 듣고 배우는 기쁨이 그 아쉬움을 채우고도 남아 하루를 충만하게 만들었습니다.

내장산을 내려온 우리는 옥정호 구절초 축제장으로 향했습니다. 축제는 끝났지만, 섬 전체를 뒤덮은 새하얀 구절초와 보랏빛 아스터 국화가 여전히 아름다웠습니다.

마지막으로 금산 인삼축제장에 들러 아이들과 함께 먹을 수삼을 한 아름 사 들고서야 기분 좋게 집으로 돌아왔습니다. 아침 7시부터 시작된 우리의 하루는 다른 날의 두 배는 되는 듯 길고 풍성했습니다. 동생과 다음에는 강원도 멋진 곳을 찾아 떠나자고 약속하며, 또 다른 여행을 마음에 품었습니다.

BMW로 길어 올린 세상

분당에 가야 할 일이 있어 이른 아침, 저절로 눈이 떠졌습니다. 나이가 드니 운전이 점점 부담스러워, 오늘은 'BMW'로 다녀오기로 마음 먹었기 때문입니다. 누군가 우스갯소리로 말하던 버스(Bus), 지하철(Metro), 그리고 걷기(Walk)의 여정. 비싼 자동차가 선사하지 못하는 세상을 만나러 나서는 길이었습니다.

집을 나서기 전, 챙겨야 할 것들이 많습니다. 개의 밥을 주고 꽁꽁 언 물을 녹여주며, 고양이의 끼니도 챙깁니다. 가방에는 내가 먹을 물과 약, 계약에 필요한 도장과 인주, 서류, 그리고 물티슈와 화장지를 꼼꼼히 챙겨 넣습니다.

하루에 버스가 두 번뿐인 시골에서는 어쩔 수 없이 신창역까지 차를 몰았습니다. 다행히 남아있는 주차 공간 하나가 저를 기다리고 있었습니다. 텅 빈 역사는 살짝 낯설고 무섭기까지 했지만, 어쩔 도리가 있나요. 생전 처음 써보는 시니어 패스 카드로 개찰구를 통과했습니다. 20분을 더 기다려야 도착할 기차. 텅 빈 승강장에 홀로 서서 생각에 잠겼습니다.

나이가 드니 지하철도 무료로 타는구나. 우리나라는 참 좋은 나라입니다. 그러면서도 이 '무료'라는 단어가 마냥 편치만은 않습니다. 누군가에게 미안한 마음, 공연한 마음의 짐이 어깨를 살짝 짓눌러옵니다. 기다림의 시간은 자연스레 지난 세월을 돌아보게 합니다. 남들보다 10년 일찍 명예퇴직하여 연금은 적지만, 그래도 이 연금으로 노후를 살아갈 수 있다는 사실이 얼마나 감사한지요. 시골의 허름한 빈집에 살아도, 작은 상가에서 나오는 월세가 부족한 생활비를 메워주니 이 또한 감사합니다. 오늘이 바로 그 상가의 재계약을 하러 가는 날입니다.

만약 지금 이 아픈 몸으로 돈을 벌어야 한다면… 생각만으로도 아찔합니다. "돈 없으니 학교 가지 말라"시던 아버지의 목소리가 귓가에 쟁쟁한데, 여기까지 인도하시고 일용할 양식을 주시는 보이지 않는 손길에 다시 한번 고개를 숙였습니다.

어느새 플랫폼에 사람이 하나둘 늘고, 기차가 미끄러지듯 들어왔습니다. 수원에서 수인분당선으로 갈아타고 약 세 시간. 정자역에 내려 상가로 들어서니, 세입자는 손님의 손톱을 다듬는 데 한창이었습니다. 어찌나 정성껏 관리하는지, 손톱을 다듬는 사람도 받는 사람도 그 손이 보석처럼 예뻤습니다.

나도 모르게 내 손을 들여다보았습니다. 손톱은 우렁이 뚜껑처럼 뭉툭하고, 손가락 마디는 울퉁불퉁 굵어졌으며, 피부는 탄력을 잃어 자글자글합니다. 그런데 이상하게도 하나도 부끄럽지 않았습니다. 한 손으로 다른 한 손의 등을 가만히 쓸어주며 마음으로 속삭였습니다.

'그동안 수고 많았다. 이렇게 열심히 살아온 네가 나는 참 자랑스럽다!'

재계약을 마치고 가게를 나섰습니다. 아침을 거른 터라 오후 1시가 넘으니 허기가 몰려왔습니다. 하지만 혼자 식당에 들어설 용기가 나지 않아, 발걸음은 그대로 정자역을 향했습니다. 두 끼를 굶으니 온 세상이 먹을 것으로만 보입니다.

돌아오는 기차의 경로 우대석에 자리를 잡았습니다. 맞은편에 한 사람이 앉아 있었습니다. 허름한 옷에 운동화를 구겨 신고, 가느다란 손가락을 맞잡은 채 고개를 깊이 숙인 모습. 두어 달쯤 자란 빡빡머리는 남자인지 여자인지 분간키 어려웠고, 얼마 동안 감지 못했는지 머리를 만질 때마다 무릎 위로 하얀 비듬이 눈처럼 쌓였습니다.

'어디가 아픈 걸까? 얼마나 굶주렸으면 저토록 말랐을까. 무슨 사연이 있기에 세상에 고개조차 들지 못하는 걸까.'

수많은 질문이 머릿속을 스쳤습니다. 그의 옆자리는 기차가 흔들려도 끝내 비어 있었습니다. 이유도 모른 채, 그저 불쌍했습니다. 따뜻한 밥이라도 한 끼 사 먹으라고 5만 원짜리 한 장을 쥐여주고 싶었습니다. 내게 그 돈이 없어도 사는 데는 아무 지장이 없습니다. 지갑을 열어보니 5만 원권 한 장, 만 원권 한 장, 천 원권 한 장이 들어 있었습니다. 5만 원권을 꺼내 손에 감춰 쥐었지만, 차마 용기가 나지 않았습니다.

'아무도 그를 들여다보지 않는데, 네가 뭐라고 나서니. 너도 집 없이

엄마의 시골집에 얹혀살면서…'

'그래도 나는 고개를 들고 살잖아. 배불리 먹어 살도 쪘고. TV 속 불쌍한 아이들을 보며 눈물만 흘릴 뿐, 외면했던 위선자가 아니더냐. 강도 만난 사람을 보고 지나친 제사장과 레위인처럼 되지 말자. 돕는 일에 익숙지 않아 용기가 없을 뿐이야.'

마음속 싸움이 끝났습니다. 나는 조용히 일어나 그의 옆자리로 갔습니다. 그리고 무릎 위에 모인 가느다란 손에 5만 원을 밀어 넣어주고 내 자리로 돌아왔습니다.

그러자 놀랍게도, 내 옆에 앉았던 아주머니가 만 원짜리 한 장을 그의 손에 더해주었습니다. 그는 고개도 들지 않았고, 감사 인사도 없었지만 돈을 슬며시 안주머니에 넣었습니다. 그제야 마음이 놓였습니다. 저 돈이면 적어도 다섯 끼는 굶지 않겠구나.

"복 받으실 거예요. 교회 다니세요?"

옆자리 아주머니가 말을 걸어왔습니다. 자신은 여자 목사님이라고 했습니다. 짧은 대화 속에 온기가 흘렀습니다.

수원역에서 환승하며 들른 화장실은 놀랍도록 깨끗했습니다. 몇 년 전 유럽 여행에서 돈까지 내며 이용했던 화장실보다 훨씬 쾌적했습니다. 까마득한 높이의 에스컬레이터에 몸을 싣고 오르내리며 또 한 번 감사했습니다.

골절된 발목과 아픈 허리를 가진 내가, 그리고 수많은 어르신이 이 고마운 기계가 없었다면 어찌 이런 여행을 할 수 있을까요.

1호선으로 갈아타니 오후 2시가 훌쩍 넘었습니다. 뱃가죽이 등에 붙을 지경이었습니다. 그때 옆 칸에서 한 사람이 나타났습니다. 다리를 절고 오른손도 부자유스러운, 흐트러진 머리의 사람이었습니다. 그는 커다란 종이컵을 들고 들어와 바닥에 무릎을 꿇고 절을 했습니다. 몇 분간 무언가 간절히 말했지만, 웅얼거리는 소리는 한마디도 들리지 않았습니다. 자신의 처지를 설명하는 것이겠지요.

잘사는 우리나라에도 여전히 그늘진 곳이 많구나…. 제게 남은 현금은 만 원짜리와 천 원짜리, 단 두 장뿐이었습니다. 더 없는 것이 안타까웠습니다. 만 원은 나를 위해 남겨두고 싶었습니다. 허기를 채울 빵이라도 사야 하니까요. 잠시 망설이다, 천 원짜리 한 장을 종이컵에 넣어주며 연신 "미안합니다"라고 중얼거렸습니다. 결국 집에 갈 때까지 아무것도 사 먹지 못할 거면서, 그 순간의 제 모습이 부끄러웠습니다.

기차에서 내리자마자 차를 몰아 신양으로 향했습니다. 퇴근 시간 전에 색소폰 악보를 건네주기로 한 분과의 약속 때문이었습니다. 악보를 받아 집에 도착하니 어느덧 저녁 5시.

허겁지겁 밥을 먹었습니다. 춘향전에서 이몽룡이 허겁지겁 밥을 먹는 모습을 보고 춘향 어머니가 "공성이 났구먼!" 하고 한탄하던 장면이 떠올라 피식 웃음이 났습니다.

세상 모든 사람이 배고프지 않았으면 좋겠습니다. 오늘, 버스와 지하철을 타고 걸었던 이 여정이 참 좋았다고 생각합니다. 자동차의 속도로

는 결코 볼 수 없는 세상을 보고, 찬찬히 생각할 수 있는 여유를 주었으
니까요

징글 맘, 그 이름의 무게

어쩌다 켠 TV에서 채널을 돌리다 '한국인의 밥상'이라는 프로그램에 시선이 멎었습니다. '징글 맘'이라는, 귀에 생경하게 와닿는 단어 때문이었습니다.

'엄마가 징그럽다는 말인가? 대체 무슨 사연일까.'

화면 속 이야기는 이랬습니다. 그 시대에 대학까지 나온 엘리트 신여성이었던 어머니. 그러나 여든의 나이에 치매라는 불청객을 맞으셨습니다. 의사는 길어야 1년이라 했습니다. 예순의 아들은 아내와 자식의 고생을 염려해, 요양원 대신 자신이 직접 어머니를 모시겠다고 나섰습니다. '군대 3년도 다녀왔는데, 1년쯤이야 못하겠나.' 하는 마음과 함께, 치매로 요양원에서 돌아가신 아버지의 임종을 지키지 못했던 불효를 씻고 싶은 마음도 간절했습니다.

음식 한번 제대로 해본 적 없던 아들은 어머니를 위해 삼시 세끼 밥을 짓기 시작했습니다. 어머니가 좋아하시던 음식을 배우고 연구하며, 매일의 밥상과 그날의 마음을 사진과 함께 블로그에 일기로 남겼습니다.

그렇게 1년이 11년이라는 세월로 흘렀습니다. 어느덧 일흔한 살의 은발이 된 아들은, 어머니 덕분에 능숙한 요리사가 되어 있었습니다.

하지만 그 세월이 어찌 평탄하기만 했을까요. 치매에 걸린 어머니는 방금 밥을 먹고도 "안 먹었다"며 아들에게 욕을 퍼부었습니다. 생태찌개를 끓이는 와중에 "냉면!"을 외치시고, 당장 대령하지 않으면 '욕대학 총장님'의 명성에 걸맞은 구성진 욕을 한 바가지 얻어먹어야 했습니다.

치매가 깊어질수록 어머니의 발광적인 행동은 심해졌습니다. 새벽이면 "밥 달라"고 소리치며 효자손으로 쓰레기통을 요란하게 두들기고, 온 집안의 휴지를 뽑아놓기 일쑤였습니다. 배변 활동도 원활치 않아 아들의 하루는 빨래와 요리로 쉴 틈 없이 흘러갔습니다. 늘 부족한 잠과 쌓여가는 스트레스는 극에 달했습니다. 그래서 아들은 어머니를 '징글맘'이라 부르기 시작했다고 합니다.

가장의 역할도, 사회적 관계도 잃어버린 채 허무감에 휩싸여 쌓여가는 약봉지를 보며 슬퍼해야만 했습니다.

그럼에도 아들은 노모를 위한 삼시 세끼에 온 마음을 쏟았습니다. 어머니가 좋아하시던 생태찌개와 생태를 넣은 생태회김치를 정성껏 만들어 올렸습니다.

세월이 더 흘러 어머니가 그마저도 넘기기 힘들어하시자, 아들은 밥과 찌개, 반찬을 곱게 갈아 '연명죽(延命粥)'이라 이름 붙였습니다. 하루라도 더 곁에 계셔주시길 바라는 아들의 간절한 소망이었습니다.

'징글 맘'께서는 맏아들의 지극한 사랑을 듬뿍 받으시고, 어느 날 하늘로 소풍을 떠나셨습니다. 그리고 일흔한 살의 아들은, 그 징글맘 덕분에 세상에 둘도 없는 요리사가 되어 남았습니다.

'징글 맘'이라는 말이 내내 귀에 거슬리면서도, 그 아들의 마음에 깊이 공감하게 됩니다. 그리고 문득, 나 자신을 돌아보게 됩니다.

'나 또한 아이들에게 징글 맘이 되는 것은 아닐까.' 아직은 정신이 맑다고 생각하지만, 때때로 아이들은 나의 말이 답답한 듯합니다. 한마디로 답하면 될 것을, 대여섯 마디의 설교와 훈계로 이어가는 내 모습을 보며 아이들은 속으로 어떤 생각을 할까요. 훗날 내가 세상을 떠나면 더 잘해드리지 못한 것을 후회하겠지만, 그럴 때마다 속상해하는 아이들의 마음을 헤아려 봅니다.

아무리 많이 배우고 품위 있게 살아왔다 한들, 치매라는 손님 앞에서는 장사가 없습니다. 나 또한 언젠가 징글 맘이 되지 않으리라는 보장은 어디에도 없습니다. 그러니 그저 기도할 뿐입니다.

곱게 살다가, 곱게 주님 곁으로 가게 해달라고. 마지막 순간까지 사랑하는 아이들에게 짐이 되지 않기를, 간절히 기도할 뿐입니다.

가을의 끝자락에서

세월의 무게를 짊어지고 가는 여정, 몸은 여기저기 아프고 할 일은 많아도 마음이 뜻대로 움직이지 못하는 순간들이 찾아올 때가 있죠.

하지만 제게도 인생의 봄날은 있었습니다.

따스한 봄 햇살 아래 복수초, 노루귀, 바람꽃, 봄맞이, 양지꽃, 제비꽃, 현호색, 꽃다지 등 작고 귀여운 풀꽃들과 돋아나는 새싹들을 보노라면 젊은 시절의 아름다웠던 봄날이 희한한 그리움으로 떠오르곤 해요. 단순히 예쁘다는 감탄을 넘어, 삶의 경험과 지혜가 깃든 복합적인 감정들이 교차하는 것이지요.

내 인생의 봄날, 사랑하는 사람들과 함께했던 추억들이 아로새겨져 있습니다. 아버지 지게에 올라앉아 논으로 가던 길, 비 오는 날이면 물고기를 잡던 일, 봄이면 쑥 뜯어 쑥떡 해 먹고 질경이와 달래, 냉이, 씀바귀 같은 나물 캐던 일들…. 그리고 엄마 따라 새벽기도 다니고, 친구들과 모여 공부하고, 교회 마당에서 배구도 하고 탁구도 치며 활기

넘쳤던 젊음이 있었죠. 이루지 못했던 꿈 같은 것들도 아련한 그리움으로 함께 밀려옵니다. 어떤 선택에 대한 후회, 혹은 다시 돌아갈 수 없는 시간에 대한 회한이 스치기도 하지만요.

한편으로는 자연의 순리 따라 어김없이 찾아오는 봄의 생명력에 깊은 평온함을 느낍니다. 혹독한 겨울을 이겨내고 다시 피어나는 복수초, 수선화 같은 꽃들을 보며 인생의 굴곡을 헤쳐온 제 삶을 되돌아보고, 지금 누리고 있는 잔잔한 평화와 가족, 건강 같은 소소한 행복에 감사하지 않을 수 없어요.

그러나 만개한 꽃들이 이내 지고 마는 것을 보면 인생의 덧없음과 유한함을 생각하게 됩니다. 아름다운 봄날이 영원하지 않듯 젊음 또한 그러함을 인정하고, 자연의 순환 속에서 삶과 죽음의 의미를 되새기는 상념에 잠기곤 하죠.

그럼에도 불구하고 새로운 생명이 돋아나는 봄의 에너지는 여전히 희망을 선사합니다. 어쩌면 아직 경험하지 못한 새로운 기쁨이나, 귀여운 손주들의 성장 같은 미래에 대한 작은 기대감을 품게 되기도 합니다. 혹은 다가올 다른 계절을 기다리며 자연의 흐름에 몸을 맡기는 순응적인 마음을 가지기도 하고요.

푸른 새싹들이 돋아나는 모습을 보며 제가 자연의 일부이고, 이 거대한 생명의 흐름 속에 함께하고 있다는 연결감을 느낍니다. 이는 고독감을 해소하고 세상과의 소속감을 느끼게 해주는 따뜻한 감정이 될 수 있을 거예요.

매년 어김없이 찾아오던 봄이 오면, 새로운 시작을 알리는 계절이 되면, 우리도 다시금 활력을 되찾았죠. 봄바람이 부드럽게 불어오며 몸 안의 에너지를 불러일으키고, 마음속 열정을 다시 한번 불태우게 되었습니다. 이 계절은 우리에게 다시 한번 도전할 용기를 주며, 새로운 목표를 향해 나아가는 첫걸음이 되었는데, 70대로 접어든 저에게 하나님은 봄을 다시 허락하실지 자연의 흐름에 또 몸을 맡겨 봅니다.

내 인생의 여름은 어떤 색이었을까요?

돋아나는 연두빛 새싹들과 화려하게 피어나는 꽃들을 보며 마냥 기뻐할 수만은 없는 계절이었지만, 나름 푸르름이 짙은 계절이었습니다. 뜨거운 햇살 아래 활기 넘치는 젊음의 에너지를 느끼는 동시에, 한때는 뜨겁게 타올랐던 청춘의 여름을 떠올리며 지난날을 회상하고 그 시절의 추억들이 아련하게 스쳐 지나가네요. 저는 누구를 뜨겁게 사랑해서 울고, 누구는 저를 사랑한다고 울었습니다. 사랑하는 사람들과 산에도 가고 낚시도 했었죠. 대학생회의 성가대에서 마음 다해 찬양을 드렸고,

딸기밭과 포도밭에 가서 목까지 차오르게 과일을 먹었던 기억도 선명합니다.

쨍한 햇살 아래 아이들이 뛰어노는 모습을 보며 잔잔한 미소를 짓습니다. 저의 유년 시절에는 주일학교 선생님이 되는 것이 꿈이었다가 청소년이 되면서 간호사, 경찰관이 되는 것이 꿈이었는데, 어떻게 초등학교 교사가 되어 40년을 교직에 있으면서 열과 성을 다해 아이들을 가르쳤습니다. 지금도 때때로 조잘대며 떠들던 아이들, 급식시간에 생선을 손으로 들고 물어뜯어 먹던 예쁜 아이들, 합동 체육 시간에 반 대항 발야구를 하고 이겨 상으로 아이스크림을 맛있게 먹던 아이들, 음악 시간에 합주하며 즐거워하던 아이들은 제 인생의 여름을 풍요롭게 해주었지요. 이렇게 여름은 또한 생명의 계절이었습니다. 무성하게 자라나는 푸른 잎사귀들과 탐스럽게 열매 맺는 대지처럼, 70대의 저에게 여름은 삶의 지혜와 연륜이 무르익는 시기였을 것입니다. 어쩌면 젊은 시절에는 미처 깨닫지 못했던 자연의 아름다움과 생명의 소중함을 더욱 깊이 느끼며 삶의 이치를 되새겨 보곤 합니다.

한편, 제 여름은 뜨거운 태양 아래 마당 한쪽의 상추 모종이 오랜 가뭄과 뜨거운 햇살에 제 여름처럼 시들고 있었습니다. 저의 결혼생활은 경제적 가뭄에 허덕였고, 때때로 남편은 바르지 못한 삶으로 저를 지치게 했습니다. 또한, 가정을 돌봐주는 사람도 없이 세 아이를 키워야 했고, 엄마의 역할, 아내의 역할, 사회인으로의 역할을 감당하느라 좋은 날도 있었지만 힘든 날이 더 많았지요. 큰딸은 신부전으로 제 신장 하나를 떼어 이식해 주어야 했고, 남편은 여름의 끝자락에서 저를 떠나 멀리 하늘나라로 가고 말았습니다. 정말 혹독한 여름이었습니다.

긴긴 여름밤, 창문 틈으로 들어오는 달빛 아래 앉아 지나온 삶의 여정을 되짚어 봅니다. 젊은 날의 빛나는 기억들과 함께, 혹독한 시련을 겪었던 아픈 기억들까지도 이제는 한결 담담하게 바라볼 수 있는 여유가 생겼는지도 모르겠습니다. 수많은 계절을 겪어내며 얻은 깊은 통찰력으로 지금의 저를 이해하고 받아들이는 시간이 될 수도 있을 거예요. 또한, 이제는 손주들의 재롱을 보며 기쁨을 느끼고, 그들의 맑은 눈을 통해 세상을 다시 배우는 새로운 즐거움도 찾아낼 수 있습니다.

다시 내 인생의 가을이 왔습니다

붉게 물든 단풍잎이 바람에 살랑이며 저 멀리 능선에 걸린 노을빛과 어우러진 가을 저녁, 남편과 사별하고 퇴직 후 저는 뜨거운 여름의 기운이 걷히고 선선한 바람이 불어오는 것을 온몸으로 느낍니다.

오랜 세월을 살아오며 수없이 맞이했던 가을이지만, 올해의 가을은 유독 깊은 감회를 안겨주네요. 창가에 앉아 차 한 잔을 기울이니, 저의 시선은 어느새 가을 풍경 속에 녹아듭니다. 붉고 노란 옷으로 갈아입은 산들은 마치 한 폭의 수채화처럼 펼쳐져 있고, 투명한 가을 햇살은 그 위를 부드럽게 감싸 안아주네요.

　들판을 가득 채웠던 푸른 생명력은 옅은 황금빛으로 변해 고개를 숙이고, 제 마음속에는 알 수 없는 평온함이 차오릅니다. 젊은 시절의 열정과 치열함은 빛바랜 사진처럼 아련하지만, 이제는 그 모든 것을 품어 안는 넉넉함이 자리 잡습니다.

　문득, 마당 한쪽에 심어둔 감나무에 주렁주렁 매달린 주황빛 감들이 눈에 들어옵니다. 홍시를 좋아하시던 돌아가신 엄마의 얼굴이 생각나고, 어린 손주들과 함께 감 따던 기억, 잘 익은 홍시 맛보며 웃음꽃 피웠던 지난날의 풍경이 주마등처럼 스쳐 지나가네요.

　가을은 이렇듯 추억을 불러일으키는 계절인가 봅니다. 지나온 삶의 길을 되돌아보며, 소중했던 순간들과 따뜻했던 인연들을 하나하나 떠오르게 합니다. 때로는 옅은 그리움이 밀려오기도 하지만, 그것은 슬픔보다는 오히려 삶의 깊이를 더해주는 아름다운 감정으로 다가옵니다.

　저는 더 아름다운 빛깔의 단풍을 만들기 위해 일어섭니다. 물론 좋은 사람들의 응원과 도움이 있었지만, 수영도 배우고, 글도 쓰고, 색소폰도 불고, 그림도 그리고, 시대에 뒤지지 않기 위해 핸드폰 사용 방법과 컴퓨터도 배우고 꽃도 가꾸며 알록달록 가을 단풍을 물들입니다.
　그러나 담담하게 느껴지는 몸의 불편함이나 건강에 대한 염려가 마음을 무겁게 짓누르기도 합니다. 탁구장에서 탁구를 치던 어느 날부터 갑자기 고관절과 허리가 아프기 시작하더니 걷는 일은 물론, 서 있는 일도, 바닥에 떨어진 물건을 줍거나 양말 신는 일도, 머리 숙여 씻는 일도, 아침에 침대에서 일어나는 일도 모두 큰일이 되어 버리고 말았죠. 게다가 발목을 삐끗하여 왼발 복숭아뼈가 골절되어 1년 동안 철심을 박았었고, 결국 척추 분리증, 척추관협착증, 척추전방전위증이라는 병명으로 수술하여 4개의 철심으로 고정해 놓았습니다.

수술 후 별수 없이 빈둥거리며 몇 날 며칠을 누워있었습니다. 비로소 몸의 소리가 들려왔어요. 눈, 코, 손가락, 등, 손목 등 몸 구석구석에서 불평을 해댑니다. 언제까지나 제 마음대로 될 줄 알았던 제 몸이 이렇게 기습적인 반란을 일으킬 줄이야!

이젠 작은 움직임에도 피로가 몰려오는 날들 앞에서 청춘의 여름과는 너무나도 다른 저의 모습을 마주하며 복잡한 감정에 휩싸이기도 합니다. 혼자서 걸어 다니고, 좋아하는 사람들과 웃으며 이야기하고, 함께 식사하고, 산책하는 등 그런 아주 사소한 일들이 영원하지는 않은 것이며, 당연한 일인 줄 알았던 것이 사실은 기적이었다는 것을!

우리는 하늘을 날고 물 위를 걷는 기적을 이루고 싶어 안달하며 무리합니다. 땅 위를 걷는 것쯤은 당연한 일인 줄 알고 말이죠. 제 인생의 가을이 되어서야 아침에 일어나는 일이 감사한 일이고 기적이라는 것을 저도 이제 깨닫게 됩니다.

불어오는 바람이 저의 머리카락을 스치고 지나갑니다. 바람 속에는 흙내음과 낙엽 냄새가 섞여 아련한 향수를 자극합니다. 세월의 흐름을 거스를 수 없듯, 자연의 순리 앞에서 저는 겸허해집니다. 만물이 성장을 멈추고 다음을 기약한 가을처럼, 저 또한 삶의 끝자락을 바라보며 다음 생을 준비하는 듯한 달관의 경지에 이릅니다. 죽음이 두려움이 아닌 자연스러운 과정으로 받아들여지는, 어쩌면 삶의 지혜와도 같은 감정이겠지요..

하지만 가을은 단순히 끝을 의미하지 않습니다. 겨울을 이겨낼 단단한 씨앗을 품고 있듯, 가을은 또한 새로운 시작을 위한 준비의 계절이기도 합니다. 저는 깊어진 가을 풍경 속에서 제 삶 또한 이처럼 아름답게 익어가고 있음을 깨닫습니다. 젊은 날의 푸르름은 사라졌지만, 그 자리를 채운 깊은 성숙함과 연륜, 그 어떤 것보다 값지다는 것을 압니다. 지난 세월의 흔적을 담고 있는 주름진 얼굴처럼, 삶의 희로애락을 모두 겪어내며 얻은 지혜와 관용으로 가득한 계절이 도리인 것이지요. 잔잔한 미소를 지으며, 다가올 겨울을 맞이할 차분한 희망과 함께 가을의 정취를 마음껏 만끽해야겠습니다.

흐르는 세월, 또다시 겨울이 오겠지요?

어느덧 앙상한 가지만 남은 나무들을 보니 또다시 겨울이 온다는 것을 실감합니다. 칠십 평생을 살아오며 수없이 겨울을 맞았지만, 흐르는 세월이 야속하게 느껴지는 건 나이가 들수록 더욱 진해지는 감정인 듯합니다.

매년 그렇듯, 창밖으로 보이는 풍경은 온통 흑백입니다. 한때는 뜨거운 태양 아래 푸르름을 자랑하던 산들도 이제는 회색빛으로 변하고, 붉게 물들었던 단풍잎들은 흔적도 없이 사라질 것입니다. 앙상한 나뭇가지 사이로 불어오는 차가운 바람 소리가 귓가를 스치면, 저절로 옷깃을 여미게 됩니다. 따뜻했던 봄날의 꽃내음도, 뜨거웠던 여름의 열기도, 풍요로웠던 가을의 황금빛도 이제는 아련한 추억이 되어버렸습니다.

젊은 시절에는 겨울이 마냥 즐겁기만 했어요. 하얀 눈이 소복이 쌓이면 아이처럼 들떠 스웨터를 꺼내 입고 설산을 오르거나, 친구들과 모여 따뜻한 차를 마시며 이야기꽃을 피우던 기억이 선명하죠. 하지만 지금은 그저 몸이 움츠러들고, 거친 바람에 마음까지 시려오는 계절이 될 것입니다. 세월의 흐름은 이처럼 아름다운 풍경마저 다르게 보이게 만드는 마법을 부리는가 봅니다.

그래도 겨울은 또 다른 아름다움을 가지고 있습니다. 눈 내리는 날 고요히 앉아 창밖을 바라보면, 세상의 모든 소음이 사라지고 마음속 깊이 평온이 찾아옵니다. 하얀 눈으로 뒤덮인 세상은 마치 한 폭의 수묵화 같아서, 그 앞에서 겸허해지는 자신을 발견하곤 합니다. 그리고 앙상한 가지 끝에 매달린 작은 눈꽃송이들을 보면, 그 여린 모습 속에서도 강인한 생명력을 느끼게 됩니다. 이 혹독한 추위 속에서도 언젠가는 다시 봄이 오리라는 희망을 품고 견뎌내는 자연의 모습에서 위로를 얻기도 합니다.

세월은 빠르게 흘러가지만, 그 속에서 저는 여전히 배우고 느끼며 살아갑니다. 또 한 번의 겨울을 맞이하며, 지나온 날들을 돌아보고 다가올 시간들을 준비하는 이 시간이 어쩌면 저에게 주어진 소중한 선물이 아닐까 하는 생각을 해봅니다. 앙상한 겨울 풍경 속에서 피어나는 작은 희망처럼, 저의 남은 날들도 따뜻하고 아름다운 이야기들로 채워지기를 소망합니다.

그런데 '세월호'라는 기차는 계절이 바뀔수록 더욱 가속도를 내며 너무 빠르게 지나갑니다. 빠르게 흘러가는 시간에 대한 아쉬움과 쓸쓸함, 그리고 다급함이 실려 오네요.

그래도 앞으로 다시 저에게 겨울이 오고 봄, 여름, 가을이 오기를 소망합니다.

양화진, 시간을 거슬러 만난 헌신의 땅

분주한 도시의 소음이 거짓말처럼 잦아드는 곳. 서울 합정동의 한복판에 자리한 양화진 외국인 선교사 묘원으로 들어서는 순간, 시간의 흐름이 다른 차원으로 접어드는 것을 느꼈습니다. 하늘을 향해 곧게 뻗은 나무들 사이로 쏟아지는 오후의 햇살은 마치 세월의 더께를 통과한 빛처럼 부드럽고 온화했습니다.

이곳은 단순히 과거의 기록이 잠든 묘지가 아니었습니다. 140여 년 전, 절망의 그림자가 짙게 드리웠던 이국의 땅을 제2의 고향으로 품었던 푸른 눈의 이방인들, 그들의 심장 박동이 여전히 느껴지는 거룩한 역사의 현장이었습니다.

나지막한 묘비들은 저마다의 사연을 품은 채 조용히 서 있었습니다. 마치 거대한 도서관의 서가에 꽂힌 책들처럼, 그들은 이름과 생몰연도라는 짧은 제목 아래 굵고 짧은 한평생의 서사를 품고 있었습니다.

417기의 묘비. 그중 145기는 이름도, 얼굴도, 언어도 낯선 조선을 위해 기꺼이 자신의 삶을 제물로 바쳤던 선교사와 그 가족들의 자리입니다.

"Her children arise up and call her blessed(그 자녀들은 일어나

감사하며)."

한 여성 선교사의 묘비에 새겨진 이 글귀 앞에서, 저는 한평생을 바쳐 길러낸 믿음의 자녀들이 그녀의 숭고한 삶을 어떻게 기억하고 있는지를 그려보며 가슴이 뭉클해졌습니다.

특히 발걸음을 오래도록 멈추게 한 것은, 부모의 묘비 곁에 나란히 자리한 작고 앙증맞은 아기들의 묘비였습니다. 채 피어보지도 못하고 이국땅에 묻힌 어린 생명들. 풍토병과 열악한 의료 환경 속에서 자식을 먼저 가슴에 묻어야 했던 부모의 찢어지는 마음은 과연 어떠했을까요. 그들은 절망 속에서 신을 원망했을까요, 아니면 그럼에도 불구하고 이 땅을 향한 사랑을 포기하지 않게 해달라고 기도했을까요. 그 작은 돌멩이 앞에서 저는 그들이 감당해야 했던 슬픔의 무게를 가늠하며 숙연해질 수밖에 없었습니다.

고개를 들면 스물, 서른의 꽃다운 나이에 잠든 젊은 선교사들의 이름이 눈에 들어옵니다. 펜실베이니아의 드넓은 초원과 오하이오의 따스한 가정을 뒤로하고, 그들은 왜 아무런 연고도 없는 지구 반대편의 작은 나라를 택했을까요? 그들의 심장을 그토록 뜨겁게 만들었던 것은 대체 무엇이었을까요? 그것은 단순한 사명감을 넘어, 이해타산을 초월한, 거의 신비에 가까운 사랑이었을 겁니다. 자신의 안위보다 타인의 영혼을 더 귀하게 여겼던 그 지독한 사랑. 안락한 삶이 최고의 가치가 되어버린 오늘날, 그들의 선택은 저에게 '당신은 무엇을 위해 살고 있는가'라는 근원적인 질문을 무겁게 던지고 있었습니다.

그 질문에 대한 답은 묘원 곳곳에 역사가 되어 새겨져 있었습니다.

그들은 닫혀 있던 시대에 배움의 문을 열었습니다. 신분과 성별의 굴레가 단단했던 이 땅에 언더우드와 아펜젤러는 연희와 배재라는 이름으로 기회의 씨앗을 심었습니다. 특히 여성은 이름조차 없이 살아야 했던 시절, 이화학당의 교정에서 울려 퍼졌을 소녀들의 낭랑한 글 읽는 소리는 단순한 지식의 습득이 아닌, 낡은 시대를 향한 가장 아름다운 혁명의 시작이었을 겁니다.

그들은 절망의 땅에 치유의 손길을 내밀었습니다. 속수무책으로 죽음을 맞아야 했던 이들에게 알렌과 에비슨은 제중원과 세브란스라는 이름으로 생명의 희망을 전했습니다. 그들의 메스는 단지 병든 몸을 가르는 도구가 아니었습니다. 서양 의술에 대한 불신과 편견의 벽을 허물고, 마음과 마음을 잇는 신뢰의 다리였습니다.

그들은 불의한 세상에 정의의 목소리를 냈습니다. 민족의 운명이 바람 앞의 촛불 같던 시절, 호머 헐버트처럼 이 땅의 독립을 위해 자신의 안위를 돌보지 않고 국제 사회에 목소리를 높인 선비 같은 선교사도 있었습니다. 그들은 단순히 복음만을 외친 것이 아니라, 복음이 가르치는 사랑과 정의가 이 땅의 현실 속에서 어떻게 구현되어야 하는지를 온몸으로 보여주었습니다.

양화진에 서서, 나는 그들이 쌓아 올린 유산 위에 너무나도 편안히 서 있는 제 자신을 발견합니다. 그들이 목숨과 맞바꾸며 지켜낸 신앙의 자유를 너무나도 당연하게 누리고, 그들이 열어준 길 위에서 너무나도 안락하게 살아가고 있습니다.

부끄러움이 밀려왔습니다. 그들의 삶이 '어떻게 살 것인가'에 대한 치열한 응답이었다면, 나의 삶은 과연 어떤 질문에 답하고 있는가.

묘원을 나서는 길, 다시 도시의 소음 속으로 걸어 들어왔습니다. 하지만 더 이상 세상이 같게 보이지 않았습니다.

한강 너머로 기우는 저녁노을은, 시대를 밝히고 장렬히 스러져간 그들의 헌신처럼 숭고하게 빛나고 있었습니다. 양화진은 과거에 갇힌 박물관이 아니었습니다. 그곳은 오늘을 사는 우리에게 끊임없이 말을 걸고, 우리의 삶을 비추는 거울이며, 앞으로 나아갈 길을 가리키는 나침반이었습니다.

그 거룩한 빛을 기억하며, 이제는 내가 내 삶으로 그 사랑에 응답해야 할 차례입니다.

세 야쿠자가 던진 질문

문득 2년 전 어느 주일, 저를 잠 못 들게 했던 목사님의 설교가 떠올라 노트북을 열었습니다. 그 이야기는 제 마음속에 깊이 뿌리내려, 때때로 고개를 들고는 가슴을 저미게 하곤 했습니다.

이야기는 한국의 한 목사님이 일본의 교회 집회에 참석했을 때의 일로 시작됩니다. 예배 중, 건장한 체구의 남자 세 명이 앞으로 나와 찬양을 시작했습니다. 그런데 그들의 온몸을 뒤덮은 화려한 문신. 목사님은 순간 자신도 모르게 마음속에 날 선 거부감이 일었다고 고백했습니다. 하지만 이내 눈을 감고 그들의 목소리에 귀를 기울이자, 세상의 것이 아닌 듯한 천사의 노래가 예배당을 가득 채웠습니다. 눈을 뜨면 보이는 험악한 외모와 눈을 감으면 들리는 거룩한 찬양. 그 기묘한 부조화 속에서 찬양은 끝이 났고, 세 명 중 한 사람이 마이크를 잡았습니다.

"저희 셋에게는 세 가지 공통점이 있습니다."

"첫째, 우리는 모두 야쿠자였습니다. 사람들을 괴롭히고 어둠 속에서 살았습니다."

"둘째, 우리의 아내는 모두 한국 사람입니다. 아내들은 저희가 그 어둠의 굴레에서 벗어나기를 포기하지 않았습니다. 새벽마다, 저녁마다 눈물로 드리는 아내들의 뜨거운 기도가 없었다면, 저희는 여전히 그곳에 있었을 겁니다."

"셋째…"

그 순간, 세 남자는 약속이나 한 듯 왼손을 들어 올렸습니다. 손가락 하나가 잘려나간, 뭉툭한 왼손이었습니다.

"우리는 다시는 야쿠자로 살지 않겠다고, 남은 생은 오직 하나님만을 위해 살겠다고 맹세하며 우리의 손가락을 하나씩 잘라 하나님께 드렸습니다."

장내에는 무거운 침묵이 흘렀습니다. 그는 그 침묵을 깨고 회중을 향해 마지막 질문을 던졌습니다.

"그런데 여러분들은, 하나님을 위해 무엇을 드렸습니까?"

이 이야기는 단순한 일화를 넘어, 인간 변화의 가능성, 사랑과 기도의 힘, 그리고 희생의 진정한 의미를 심장에 새겨 넣습니다.

처음 목사님이 느꼈던 '불편한 이질감'은 바로 우리 안의 편견을 비추는 거울입니다. 우리는 얼마나 쉽게 겉모습으로 타인을 재단하고, 과거의 낙인으로 현재의 진심을 외면하는지요. 그러나 눈을 감았을 때 비로소 들려온 '천사의 노래'는, 모든 편견을 뛰어넘는 진실의 힘을 보여줍니다. 가장 어두운 과거를 가졌던 이들의 영혼이 가장 순결한 찬양을 드릴 수 있다는 사실은, 우리에게 사람을 어떻게 바라보아야 하는지 가르쳐 줍니다.

그들을 어둠에서 건져 올린 것은 '한국인 아내들의 헌신적인 기도'였습니다. 절망적인 상황 속에서도 남편의 영혼을 포기하지 않았던 그 사랑의 힘. '새벽마다, 저녁마다' 드렸다는 그 기도는 단순한 종교 행위가 아니었을 겁니다. 그것은 사랑하는 사람의 삶을 송두리째 바꾸고 싶다는 간절한 염원이자, 보이지 않는 소망을 향한 가장 위대한 투쟁이었을 것입니다.

그리고 마지막, 가장 충격적이면서도 거룩한 고백. 바로 '손가락을 하나님께 드렸다'는 희생입니다. 야쿠자 사회에서 손가락을 자르는 행위는 조직을 향한 충성, 혹은 잘못에 대한 속죄의 의미를 갖습니다. 그런데 그들은 그 잔인한 의식을, 과거와의 완전한 단절과 하나님을 향한 절대적인 헌신을 위한 거룩한 예식으로 바꾸었습니다.

그것은 단순히 말로만 하는 회개가 아니었습니다. 육체의 고통과 평생의 낙인을 감수하며, 과거의 자신을 묻어버리는 처절한 장례 의식이었습니다. 야쿠자의 상징이었던 그 손가락을 잘라냄으로써, 세상의 가치가 아닌 오직 하나님의 뜻대로 살아가겠다는 피의 서약을 한 것입니다. 그 뭉툭한 손가락은, 그 어떤 화려한 웅변보다도 그들의 회개가 얼마나 진실되고 깊은지를 웅변하고 있었습니다.

그리고 그 모든 경외감 끝에, 날카로운 파편처럼 날아와 심장에 박히는 마지막 질문.

"그런데 여러분들은, 하나님을 위해 무엇을 드렸습니까?"

안락한 신앙의 소파에 앉아 있던 모두를 일으켜 세우는 질문입니다. 사회의 가장 밑바닥에서 모든 것을 잃었던 그들은, 회복된 삶 속에서 가장 소중한 것을 바쳐 자신의 믿음을 증명했습니다. 그렇다면 평범하고 안온한 삶을 살아가는 나는, 나의 신념과 나를 구원한 존재를 위해 무엇을 내놓고 있는가. 나의 시간, 재능, 물질, 그리고 가장 중요한 나의 의지를 얼마나 진정으로 드리고 있는가.

이 이야기는 제게 끊임없이 묻습니다. '너는 무엇을 드리고 있느냐'고. 그 질문 앞에서 저는 자주 작아지고 부끄러워집니다.

그러나 이제는 그 부끄러움을 넘어, 저 또한 제 삶으로 그 질문에 대한 답을 써 내려가야 함을 압니다. 거창한 희생이 아닐지라도, 매일의 삶 속에서 가장 소중한 것을 기꺼이 내어드리는 겸손한 헌신으로 말입니다.

에필로그

    이번 수필집에는 유난히 하나님에 대한 이야기가 많습니다. 아마 그동안 하나님에 대한 이야기를 못했기 때문일 수도 있습니다. 하고 싶었는데 못했던 수많은 이유 가운데 하나는 자신이 없어서입니다. 어떤 수준과 정도로 이야기 해야 하나님에 대한 이야기가 될까, 늘 자신이 없었습니다. 그렇다고 이번에는 자신 있어서 하나님애 대한 이야기를 여러 편 넣은 것은 아닙니다. 쓰지 않고는 못 견디는 심정, 그것 하나로 여러 편을 넣었습니다.

    또한, 그렇다고 이 책이 하나님을 전도하는 그런 책은 아닙니다. 내 일상에 관한 이야기이고, 내 일상 속에서 늘 나를 지켜주시고 들여 다보아 주시는 하나님에 대한 감사의 마음을 그 몇 편에 담은 것뿐입 니다.

    하나님에 대한 이이기를 몇 편 쓰긴 했지만 내 문학은 역시 그 대상은 사람입니다. 그중에서 바로 '나'입니다. 나는 누구이며 지금 어디에 살면서 어떤 생각을 가지고있는지에 대한 끊임없는 탐색의 지난한 작업이 바로 이 책의 본 모습입니다.

    그르므로 이번에도 여기 끝까지 읽어주신 당신께 감사드립니다.

    고맙습니다.